Ulf Ekman

Die Juden –
Das Volk der Zukunft

JESUS!GemeindeVerlag Rinteln

Originally published in Swedish under the title
„The Jews – People of the Future"

Published by
Word of Life Publications, Box 17, S-75103 Uppsala, Sweden.

Published by:
JESUS!GemeindeVerlag
Braasstraße 30
D – 31737 Rinteln
Tel. 0 57 51 / 4 61 31
Fax 0 57 51 / 4 47 36
email: verlag@jesusgemeinde.de

ISBN 3-930764-62-8

1. Auflage, August 1999
Druck: Schönbach Druck GmbH, Erzhausen

Die Bibelzitate wurden der revidierten Lutherbibel 1984,
Deutsche Bibelgesellschaft Stuttgart, entnommen.

Inhalt

Widmung

Für Harry Hurwitz, einen Mann, von dessen Hingabe an sein Volk ich mehr gelernt habe, als Worte es beschreiben können.

Vorwort

Als ich entdeckte, was die Bibel über Israel sagt, wurde mein geistliches Leben revolutioniert.

Israel ist nicht einfach ein Museum vergangener religiöser Ereignisse, sondern es spielt eine ganz besondere Rolle in der Geschichte des Altertums. Mehr noch: dieses Land ist Zentrum, Höhepunkt und Schlußpunkt der Geschichte.

Leider verschleiert die Unkenntnis von Gottes Plänen für das Land Israel und die Juden die Augen nur allzu vieler Menschen. Das könnte sich in der Zukunft als unheilvoll erweisen und zur Brutstätte von Vorurteilen sowie zur Ursache vieler falscher Entscheidungen werden.

Heutzutage ist es wichtig für uns, ein klares Verständnis von Gottes Wirken an jenem Volk zu haben, das er sich ausgewählt hat. Wir müssen Position beziehen zu dem Volk Gottes und seinem Land Israel. Da es unmöglich ist, dies auf einmal zu erklären, kann dieses Buch nur den Versuch darstellen, grundlegende Tatsachen zu klären, um uns zu befähigen, Gottes Handeln an seinem Volk etwas besser zu verstehen.

Ich wünsche mir, daß Gott dein Herz mit einer Liebe für das füllt, was er selber liebt, und daß du davon überzeugt wirst, daß das wichtig ist, was er bedeutend nennt, nämlich sein Land und sein Volk. Wenn du dies annimmst, wirst du die Zukunft wesentlich klarer sehen, und dein Leben wird großartig gesegnet werden.

Gott segne dich!

Ulf Ekman

1

Das Volk

Und der Herr hat dich heute sagen lassen, daß du sein eigenes Volk sein wollest, wie er dir zugesagt hat, und alle seine Gebote halten wollest, und daß er dich zum höchsten über alle Völker machen werde, die er geschaffen hat, und du gerühmt, gepriesen und geehrt werdest, damit du dem Herrn, deinem Gott, ein heiliges Volk seist, wie er zugesagt hat. (5. Ms 26:18–19)

Wenn du nun der Stimme des Herrn, deines Gottes, gehorchen wirst, daß du hältst und tust alle seine Gebote, die ich dir heute gebiete, so wird dich der Herr, dein Gott, zum höchsten über alle Völker auf Erden machen. (5. Ms 28:9–10)

Abraham war eine zentrale Gestalt in Gottes Segensplan für die gesamte Menschheit. Er sollte der Stammvater von Gottes ausgewähltem Volk – den Juden – werden, für die Gott ein Land bereit hielt – nämlich Israel.

Dieses Volk, abgesondert und heilig für Gott, sollte sein Vermittler des Segens und der Errettung für die gesamte Menschheit sein. Die Welt sollte durch die Juden wiederhergestellt werden.

Deshalb sprach Gott zu Abraham, als er ihn aus Ur in Chaldäa herausrief: „Und ich will dich zum großen Volk machen und will dich segnen…" (1. Ms 12:2). Deswegen sagte Gott ihm auch: „Ich bin der allmächtige Gott, wandle vor mir und sei fromm." (1. Ms 17:1).

Schließlich wurde nach Jahren des Wartens Abrahams Sohn Isaak geboren, und Isaak empfing die gleiche Verheißung und den gleichen Segen, eine große Nation zu werden. Jakob, einer der Söhne Isaaks, wurde ebenso Erbe der Verheißung. Er selbst hatte zwölf Söhne, von denen einer – Joseph – von seinen älteren Brüdern in die Sklaverei verkauft wurde. Daraufhin überzeugten sie ihren Vater davon, daß Joseph getötet worden sei.

Als er später entdeckte, daß Joseph nicht tot, sondern in Wirklichkeit am Leben und Regent von Ägypten war, zog Jakob mit seiner gesamten Sippe – insgesamt waren es 70 Personen – nach Ägypten. Sie alle hatten als Fremde in Kanaan gelebt und trotzdem während der ganzen Zeit an der Verheißung festgehalten, daß das Land ihr von Gott gegebenes Erbteil sei.

Jakob brach nach Ägypten auf im Vertrauen darauf, daß dies nicht für immer sein würde, weil Gott Jahrzehnte zuvor Abraham versichert hatte: „Das sollst du wissen, daß deine Nachkommen werden Fremdlinge sein in einem Lande, das nicht das ihre ist; und da wird man sie zu dienen zwingen und plagen vierhundert Jahre. Aber ich will das Volk richten, dem sie dienen müssen. Danach sollen sie ausziehen mit großem Gut." (1. Ms 15:13–14)

Ägypten war also nicht das Land Jakobs, sondern lediglich der Ort, an dem er und seine Familie zu einem großen Volk heranwachsen sollten. „Ich bin Gott, der Gott deines Vaters", sagte der Herr zu ihm, „fürchte dich nicht, hinab nach Ägypten zu gehen; denn daselbst will ich dich zum großen Volk machen." (1. Ms 46:3)

Ägypten sollte der Ort sein, an dem Jakobs zwölf Söhne und ihre Familien zu zwölf Stämmen und schließlich zu einer Nation heranwachsen sollten. Die Bibel sagt uns in 2. Mose 1:7: „...die Nachkommen Israels...mehrten sich und wurden überaus stark, so daß das Land von ihnen voll wurde."

Damals kam ein neuer Pharao, der sie zu schikanieren begann. Solange sie zahlenmäßig unbedeutend gewesen waren, hatte man mit Verachtung auf sie herabgesehen (manchmal auch mit Haß) und ihnen eigentlich keine große Bedeutung zugeschrieben. Als sie jedoch begannen, sich zu vermehren, sah man sie als Bedrohung an, wenn auch nicht in territorialer oder politischer Hinsicht. Die Gefahr war von anderer Art. – Sie lag auf geistlichem Gebiet.

Während die Stämme wuchsen, wurden sie zu dem, wozu Gott sie zu machen beabsichtigte, und traten in die Berufung ein, die er für sie vorgesehen hatte. Sie wurden sein Instrument, die Menschheit zu segnen – und sie stießen sofort auf geistlichen Widerstand!

Doch trotz großen Widerstandes konnte nichts die Erfüllung der Verheißungen aufhalten, unter anderen die völlige Befreiung der Israeliten. Ja, Gott hatte sie nach Ägypten geführt, aber das war nicht ihr Land, und er hatte verheißen, sie auch wieder herauszuführen. In 2. Mose 2:23–25 lesen wir einen Bericht davon, was während dieser Zeit passierte:

Lange Zeit aber danach starb der König von Ägypten. Und die Israeliten seufzten über ihre Knechtschaft und schrien, und ihr Schreien über ihre Knechtschaft kam vor Gott.
Und Gott erhörte ihr Wehklagen und gedachte seines Bundes mit Abraham, Isaak und Jakob. Und Gott sah auf die Israeliten und nahm sich ihrer an.

Der Exodus

Als Gott Moses sandte und sein Volk aus Ägypten befreite, tat er das durch Zeichen, Wunder und mächtige Handlungen. – Das größte Wunder im Alten Testament ist Gottes übernatürliche Befreiung seines Volkes. In der Hitze der Verfolgung durch Ägypten sind die Israeliten zusammengeschweißt worden, und als sie dann durch den Weg im Roten Meer gedrängt wurden, wurden sie zu einem Leib geformt, und die Nation Israel wurde geboren.

Diese Befreiung machte sie zu dem, was sie jetzt sind – Gottes eigenes Volk. Er liebt sie, und er sorgt für sie, und er offenbarte das durch seine großartige Rettungsaktion: die *Operation Exodus*. Sein Volk verließ Ägypten in Überfluß und Gesundheit, weil ihr Gott das Unmögliche für sie tat.

Zu genau der Zeit, die Gott Abraham genannt hatte, richtete er die Nation, die Israel gequält und verfolgt hatte. Zuerst waren es zehn Plagen, die das Land überzogen, und anschließend die Wasser des Roten Meeres, die die verfolgende ägyptische Armee bedeckten und ertränkten (2. Ms 14).

Obwohl Moses wiederholt Audienzen beim Pharao gehabt und erklärt hatte: „So spricht der Herr: ‚Laß mein Volk ziehen, daß es mir diene!'" (2. Ms 7:26), war der ägyptische Herrscher nach zehn Plagen, die Chaos im Land Ägypten bewirkt hatten, immer noch nicht bereit, die Israeliten freizulassen!

Satan hatte den Pharao benutzt bei seinem Versuch, den Plan Gottes zu stoppen. Dieser Angriff konzentrierte sich auf drei Bereiche:

Das Volk – Israel sollte keine starke Nation werden.
Die Verheißung (das Land) – Israel sollte sein von Gott gegebenes Erbteil nicht antreten.
Das Ziel – Israel sollte nicht dazu kommen, Gott anzubeten.

Diese Bereiche standen im Mittelpunkt von Gottes Absichten. Er wollte ein Volk, das er sein Eigentum, das er sein eigenes – „mein Volk" – nennen konnte. Das war sein Ziel dabei, die Israeliten zu einer Nation zu formen und ihnen das Land zu verheißen.

Er wollte, daß sie ihn ehren und anbeten und daß sie für ihn leben und dabei vollständig für diesen Dienst an ihm abgesondert sein sollten.

Gott brauchte hier auf der Erde ein Volk, durch das **er** verherrlicht werden konnte. Er wollte den Israeliten und jeder anderen Nation auf der Erde zeigen, wer er ist. Er wünschte sich ein Volk, durch das er seine mächtigen Taten ausführen und seine Pläne und Absichten auf der Erde verwirklichen könnte.

Das ist der Grund für Gottes besonderes Interesse an seinem Volk Israel, und deshalb fühlt er sowohl Zorn als auch Kummer wegen des Ungehorsams der Israeliten. – Das ist auch der Grund dafür, weshalb der satanische Widerstand gegen die Nation Israel so stark ist: Falls das Volk scheitert, scheitert auch Gott. Falls das Volk aufgehalten, verführt oder ausgelöscht werden könnte, so könnte dasselbe auch mit Gottes Heilsplan geschehen. So verhält es sich mit Gottes Verpflichtungen gegenüber seinem ausgewählten Volk.

Mit der göttlichen Berufung wurde es nach dem Auszug aus Ägypten so richtig ernst. Gott hatte den Israeliten aufgetragen, niemals ihre Befreiung zu vergessen, sondern sich immer daran zu erinnern:

Ihr sollt diesen Tag als Gedenktag haben und sollt ihn feiern als ein Fest für den Herrn, ihr und eure Nachkommen, als ewige Ordnung.
(2. Ms 12:14)

Das Passah-Fest

Mit diesen Worten wies Gott alle Juden an, für alle Zeiten und in jeder Generation das Passah-Fest zu feiern. Es ging darum, sie selbst und ihre Kinder an ihre übernatürliche Befreiung und Rettung aus Ägypten zu erinnern. – Gott hat diese Regel niemals geändert.

Über Tausende von Jahren wurde das Passah oder Pessach treu gefeiert in Erinnerung an die Zeit, als der Gerichts-Engel an den Häusern derjenigen vorüberging, die ihre Türpfosten mit dem Blut eines Lammes bestrichen hatten.

Regelmäßig hatte das Volk in Erinnerung an die bittere Unterdrückung seiner Vorväter in Ägypten die vorgeschriebenen bitteren Kräuter gegessen (2. Ms 12:8). Das besondere Mahl dazu besteht aus Mazzen, einem ungesäuerten Brot, weil die Israeliten Ägypten in solcher Eile verließen, daß ihr Teig vor dem Backen keine Zeit zum Gären hatte (2. Ms 12:34).

Gott machte ausdrücklich klar, daß diese Vorschriften zum Verzehr des Passah-Lamms nicht nur für einen speziellen Tag erlassen waren. Jedes Jahr zur gleichen Zeit sollte diese unvergeßliche Begebenheit gefeiert werden. Weshalb? – Weil das die Nacht gewesen ist, in der sie zu einer Nation wurden! In dieser Nacht kam Gott ihnen zu Hilfe und rettete sie! In jener Nacht kamen die Israeliten in ihre Berufung hinein!

Kein Wunder, daß Juden in jedem Zeitalter ihrem Herrn das Passah gehalten und es durch das Essen des Passah-Lammes gefeiert haben. Obwohl die Nazis dabei waren, die Ruinen des Warschauer Ghettos gründlichst durchzukämmen, und dabei das Leben jedes überlebenden Juden bedrohten, feierten die Gläubigen unter ihnen während der Osterwoche das Passah.

Darum so halte diese Ordnung für dich und deine Nachkommen ewiglich. (2. Ms 12:24)

So verließen die Israeliten Ägypten und erreichten schließlich den Sinai. Dort sprach der Herr zu ihnen: „Werdet ihr nun meiner Stimme gehorchen und meinen Bund halten, so sollt ihr mein Eigentum sein vor allen Völkern; denn die ganze Erde ist mein. Und ihr sollt mir ein Königreich von Priestern und ein heiliges Volk sein." (2. Ms 19:5–6)

Ein besonderes Volk

Auf dem Sinai offenbarte Gott seinen Plan für Israel als Nation und den Grund, weshalb die Israeliten sein *auserwähltes Volk* sein sollten. Als sein kostbarer Besitz sollten sie ein Königtum von Priestern werden, eine vollständige Nation heiliger Menschen. Gott wollte ein Volk, das deutlich von anderen abgesondert sein sollte, ein Volk, das seine Gebote halten und sich selbst ihm widmen sollte.

Gott wollte ein geweihtes und heiliges Volk – abgesondert für den Dienst an ihm, das offen sein sollte, die heilige Offenbarung, die er ihm anvertrauen wollte, zu empfangen und zu bewachen. Die Israeliten sollten wie ein Licht für die übrige Welt scheinen – für die Welt der Heiden. Sie waren dazu bestimmt, sowohl durch das Wort, als auch durch ihr Beispiel, andere Völker die Wege des Herrn zu lehren.

Gottes Ruf an Israel war, daß es sich selbst weihen und abgesondert sein sollte. Die Israeliten sollten nicht dazu da sein, den Heiden um sie herum nachzueifern. Die Heiden (das sind die Gojim oder die nichtjüdischen Völker) hatten ihre eigenen Gebräuche, Gesetze, Religionen, die Gott mißfielen. Ihre Moral, Lebensart, Religionen und Subkulturen waren ihm verhaßt (Röm 1:18-32; 2. Ms 6:5–6; 8:21).

Gott wollte ein Volk von Menschen, die seine Freunde sein, ihn respektieren, ihn lieben und ihm dienen würden – dem einen wahren Gott, dem lebendigen Gott – El Schaddai. Wenn dieses Volk sein Wort akzeptieren würde, könnte Gott seinen Segen über alle Völker auf der Erde ausbreiten.

Gottes Verheißung an Abraham hatte gelautet: *„... in dir sollen gesegnet werden alle Geschlechter auf Erden."* (1. Ms 12:3) Diese Verheißung war auch an Isaak ergangen in 1. Mose 26:4: *„Und durch dein Geschlecht sollen alle Völker auf Erden gesegnet werden."*

Im Licht dieser Aussage betrachte die Worte Jesu: *„Das Heil kommt von den Juden."* (Joh 4:22)

Dort in der Wüste Sinai, am Fuße des Berges Horeb verkündigte Gott den Israeliten sein Gesetz. – *„Er verkündigt Jakob sein Wort, Israel seine Gebote und sein Recht. So hat er an keinem Volk getan; sein Recht kennen sie nicht."* (Ps 147:19–20)

Es ist wichtig, Gottes Absichten an dieser Stelle zu verstehen. Um *alle* Völker zu erreichen, hat er *eins* von ihnen ausgewählt. Mit seiner Entwicklung im Verlauf der Geschichte sollte diese Nation Gottes Plan für die gesamte Schöpfung offenbaren.

An dieser Stelle können wir uns den Propheten Bileam anschauen, der von Balak, dem König von Moab, aufgefordert wurde, die Kinder Israels zu verfluchen und sie davon abzuhalten, ihr verheißenes Land einzunehmen. Aber der Geist des Herrn kam über Bileam, und statt sie zu verfluchen, sprach er einen Segen über sie aus. Im Licht von Gottes Plan, Israel zu erwählen, sieh dir jetzt genau Bileams Prophezeiungen über die Aussagen anderer über diese auserwählte Nation an:

Wie soll ich fluchen, dem Gott nicht flucht? Wie soll ich verwünschen, den der Herr nicht verwünscht?
Denn von der Höhe der Felsen sehe ich ihn, und von den Hügeln schaue ich ihn. Siehe, das Volk wird abgesondert wohnen und sich nicht zu den Heiden rechnen. (4. Ms 23:8–9)

Man sieht kein Unheil in Jakob und kein Verderben in Israel. Der Herr, sein Gott, ist bei ihm, und es jauchzt dem König zu.
Gott, der sie aus Ägypten geführt hat, ist für sie wie das Horn des Wildstiers. (4. Ms 23:21–23)

Was bedeutet all dies eigentlich? Es bedeutet, daß Gott mit den Israeliten ist – es bedeutet, daß sie für ihn abgesondert sind, anders als alle anderen Völker. Warum? Damit die Absichten Gottes in seiner Schöpfung verwirklicht werden können! Die Kinder Israels, die Juden, spielen eine bedeutende Rolle in Gottes Gesamtplan für die ganze Menschheit.

Das Volk des Gesetzes

Auf dem Sinai offenbarte Gott den Israeliten seinen Plan und gab ihnen seine Gesetze und Satzungen. Zuerst gab er ihnen die Zehn Gebote und gravierte sie mit seinem eigenen Finger in zwei Steintafeln ein. Dann gab er ihnen verschiedene Gesetze, Vorschriften und Ordnungen.

Diese Regeln enthielten alles, angefangen von Moralgesetzen, die Beziehungen betreffen, bis hin zu Anweisungen für das Errichten der Stiftshütte und den Regeln für den Dienst im Heiligtum – Regeln, die auch später im Tempel befolgt werden sollten. Da gab es Ordnungen für die Feste, Regeln, die auflisteten, was als heilig, unheilig, rein und unrein gelten sollte sowie Vorschriften über das Essen und Trinken.

Für die Nichtjuden, die Tausende von Jahren später leben, können diese Regeln unnötig und bedeutungslos erscheinen. Für einen Nichtjuden ist es leicht, sie als überholte Vorschriften anzusehen, als unpassend für uns, weil wir frei vom Gesetz sind. Aber solch eine Sicht führt zu oberflächlichem Lesen der Bibel, das den historischen Zusammenhang und den Zweck dieser Gesetze nicht erfaßt.

Die Zehn Gebote haben auch heute nach wie vor ihre Bedeutung und Auswirkungen. Wenn wir frei sind vom Gesetz, steht es uns deshalb auch zu, frei zu stehlen, zu lügen, zu morden oder Ehebruch zu begehen? Mit Sicherheit nicht!

Außerdem wurden diese Gesetze, Regeln und Ordnungen Gottes Volk gegeben, um seine Beziehungen zu Gott und untereinander zu regeln, als die Israeliten in das Land kamen, das er ihnen verheißen hatte. Warum? Weil Gott sie zu einer heiligen und gerechten Nation erziehen und formen wollte. Er wollte eine Nation, die seine Gegenwart inmitten einer heidnischen Welt vorleben sollte. Genau deshalb sagte er ihnen, daß sie seine Gesetze *auf ewig* halten sollten.

Ein Nichtjude kann die Tatsache schwer verstehen, daß Gott die Nation Israel auf ewig erwählt hat. Es ist leicht für ihn zu vergessen, daß die Verheißungen, Bundesschlüsse und Regeln, die Gott Israel gegeben hat, *auf ewig* gelten.

Passah sollte ebenso *für alle Zeiten* gefeiert werden wie die anderen Feste Schawuot (Pfingsten) und Sukkot (Laubhüttenfest). Dasselbe gilt für den Sabbat (2. Ms 31:16+17) und auch für die Beschneidung (1. Ms 17:9–14), die auch von den *kommenden Generationen* beachtet werden sollten. Im Gesetz sind Gottes deutliche Anweisungen zur Beachtung dieser Feste gegeben.

Eine interessante Anmerkung: Paulus sagte, als er über die Funktion und Bedeutung des Gesetzes für die Juden und die Heiden sprach: *„So ist also das Gesetz heilig, und das Gebot ist heilig, gerecht und gut."* (Röm 7:12) Viele Nichtjuden empfinden das Gesetz als negativ und als unangemessen für unsere heutige Gesellschaft. Dieser Gedanke ist allerdings unbiblisch und offensichtlich nichtjüdischen Ursprungs.

Der Jude betrachtet das Gesetz (die Thora) als Gottes Wort und als den wahren Ausdruck seiner selbst. Die Kinder Israels sind das Volk des Gesetzes, sie sind diejenigen, denen es gegeben worden ist. Hör, was der Psalmist sagt:

Gelobet seist du, Herr! Lehre mich deine *Gebote*! Ich will mit meinen Lippen erzählen alle *Weisungen* deines Mundes. Ich freue mich über den Weg, den deine *Mahnungen* zeigen, wie über großen Reichtum. Ich rede von dem, was du *befohlen* hast und schaue auf deine *Wege*. Ich habe Freude an deinen *Satzungen* und vergesse deine *Worte* nicht. Tu wohl deinem Knecht, daß ich lebe und dein *Wort* halte. Öffne mir die Augen, daß ich sehe die Wunder an deinem *Gesetz*. Ich bin ein Gast auf Erden; verbirg deine *Gebote* nicht vor mir. (Ps 119:12–19)

Gott wollte, daß sein Volk sein Gesetz respektieren und befolgen sollte, als Ausdruck seines Willens und seiner Heiligkeit. Jesus selbst sagte:

Ihr sollt nicht meinen, daß ich gekommen bin, das Gesetz oder die Propheten aufzulösen, sondern zu erfüllen. Denn wahrlich, ich sage euch: Bis Himmel und Erde vergehen, wird nicht vergehen der kleinste Buchstabe noch ein Tüpfelchen vom Gesetz, bis alles geschieht. (Mt 5:17+18)

Dann wurden die Kinder Israels zum Volk des Gesetzes, das sie über alles verehrten und von dem sie jeden Buchstaben bis ins kleinste Detail kopierten, damit nichts davon verändert oder verfälscht werden sollte. Sie haben durch den Lauf der Jahrhunderte das Gesetz hochgehalten und verteidigt.

Während des Zweiten Weltkrieges waren Rabbis und andere Juden bereit, ihr Leben zu opfern, als die Nazis ihre Synagogen zertrümmerten und niederbrannten oder ihre Thorarollen in Stücke rissen. Während die orthodoxen Juden ihre kostbaren Schriften umklammerten und sich vergeblich bemühten, sie vor der Zerstörung zu bewahren, waren sie sehr oft das Ziel öffentlicher Verhöhnung. Einige wurden sogar zu Tode getreten bei ihren tapferen Versuchen, die Rollen vor denen zu retten, die sie für christliche SS-Soldaten hielten.

Segen oder Fluch?

Durch das Gesetz, das Gott ihnen auf dem Sinai gegeben hatte, traten die Israeliten in ihre Identität als Volk Gottes ein. Sie wurden einbezogen in einen ewigen Bund mit ihm und empfingen seine Zusagen und die Verpflichtungen, die sie im Gegenzug zu erfüllen hatten. Die Gebote, die Segnungen und die Flüche gehörten zu dem Bundes-Vertrag zwischen Gott und seinem Volk.

Keiner anderen Nation ist jemals dieses Privileg gegeben worden. Weshalb? Weil Gott die Israeliten durch den Glauben ihrer Vorväter auserwählt und berufen hat. Gott hat sein Herz auf sein Volk gesetzt, das lebenswichtig war für seine Pläne mit der gesamten Menschheit. Man kann den Herrn immerzu sagen hören: *„Und ihr sollt mein Volk sein, und ich will euer Gott sein."* (Jer 30:22)

Als Gott auf dem Sinai durch das Gesetz den Bund mit seinem Volk bestätigte, bekräftigte er gleichzeitig die Verheißungen, die er den Patriarchen Abraham, Isaak und Jakob gegeben hatte. Dann kamen durch Moses die Bedingungen für die Erfüllung dieser Verheißungen, und von da an wurde das Volk automatisch ein gehorsames (oder ungehorsames) Volk, weil es positiv auf Gottes Angebot und Bedingungen geantwortet hatte. Die Israeliten hatten Gottes Bund akzeptiert, indem sie sprachen: *„Alles, was der Herr gesagt hat, wollen wir tun und darauf hören."* (2. Ms 24:7)

Gehorsam gegenüber Gott und seinem Gesetz bringt Segen. Ungehorsam bringt einen Fluch. *„Wenn du nun der Stimme des Herrn, deines Gottes, gehorchen wirst, daß du hältst und tust alle seine Gebote, die ich dir heute gebiete, so wird dich der Herr, dein Gott, zum höchsten über alle Völker auf Erden machen, und weil du der Stimme des Herrn, deines Gottes, gehorsam gewesen bist, werden über dich kommen und dir zuteil werden alle diese Segnungen."* (5. Ms 28:1–2)

„Wenn du aber nicht gehorchen wirst der Stimme des Herrn, deines Gottes, und wirst nicht halten und tun alle seine Gebote und Rechte, die ich dir heute gebiete, so werden alle diese Flüche über dich kommen und dich treffen." (5. Ms 28:15)

Diese Verse haben manche Leute auf die Idee gebracht, daß Gott launenhaft und leicht zu verärgern sei. Sie haben Gott im Alten Testament den Gott des Zorns und Gott im Neuen Testament den Gott der Liebe genannt. Aber das ist nicht wahr, und es ist theologisch unkorrekt.

Gott ist unveränderlich in seinem Wesen und konsequent in seinen Handlungen. Er hat sich ebenso im Alten Testament als der liebende Gott offenbart. In Jeremia 31:3 spricht er zu Israel: *„Ich habe dich je und je geliebt, darum habe ich dich zu mir gezogen aus lauter Güte."*

Wenn wir also in 5. Mose 28 vom Segen und vom Fluch lesen, ist das in Wahrheit ein Angebot Gottes, Israel zu segnen. Unter dem Schirm des Bundes ist Schutz und Segen, aber außerhalb gelten dieselben Bedingungen, die dem Rest der gefallenen Schöpfung seit Eden auferlegt sind.

Durch den Fall hat die Menschheit Sünde, Krankheit, Haß, Krieg, Einsamkeit, Armut und Tod erfahren. Nur dank Gottes Gnadenbund – dank seiner großzügigen Wiederherstellung und seines Segens – kann man etwas anderes erleben als den Fluch, den die Sünde mit sich bringt. Gott zwingt niemandem seinen Segen auf. Er kann jedoch, wenn jemand sich freiwillig entscheidet, empfangen und genossen werden, um die Verpflichtungen des Bundes zu halten.

Deshalb sagt der Herr in 5. Mose 30:19–20 durch Moses:

Ich nehme Himmel und Erde heute über euch zu Zeugen: Ich habe euch Leben und Tod, Segen und Fluch vorgelegt, damit du das Leben erwählst und am Leben bleibst, du und deine Nachkommen, indem ihr den Herrn, euren Gott, liebt und seiner Stimme gehorcht und ihm anhanget, denn das bedeutet für dich, daß du lebst und alt wirst und wohnen bleibst in dem Lande, das der Herr deinen Vätern Abraham, Isaak und Jakob geschworen hat, ihnen zu geben.

Die Berufung

Als die Kinder Israel den Sinai verließen, war ihre ganze Zukunft vorgezeichnet. Gottes Plan für sie war Segen, Wachstum, Besitz des Landes und ein Leben des Überflusses und wahrer Anbetung in diesem Land.

Auf diese Weise wollte Gott sich ihnen in zunehmendem Maße offenbaren und so sein Volk auf das Kommen des Messias vorbereiten. Die Herrlichkeit sollte die Erde erfüllen, Israel ein Licht für die anderen Völker werden, Gesetz und Ordnung von Zion ausgehen und das Königreich des Messias kommen.

Das war Gottes Plan, den er mit zunehmender Klarheit durch die Propheten offenbarte. Wir müssen verstehen, daß die Offenbarung der Bibel fortschreitet. Mehr und mehr wird zu dem Puzzle hinzugefügt, bis das endgültige Bild gesehen werden kann.

So soll Israel Gottes „Vorführmodell" mitten unter den Völkern werden. Alles, was er dafür verlangt, ist: *„Und du sollst den Herrn, deinen Gott, liebhaben von ganzem Herzen, von ganzer Seele und mit all deiner Kraft."* (5. Ms 6:5)

So wie es sich beim gesamten Alten Testament um eine fortlaufende Offenbarung des Willens Gottes für sein Volk handelt (und genauso für alle anderen Völker), geht es ebenso um die Geschichte der Anstrengungen Israels, ihm zu gehorchen inmitten vieler Versuchungen. Beschrieben werden Gottes wunderbare Macht zu retten, wiederherzustellen, zu schützen und sein Volk zu segnen sowie die unglückseligen Folgen von Abtrünnigkeit und Ungehorsam.

Der Außenstehende macht es sich einfach, die ehrliche Abrechnung der Bibel zu lesen und anschließend die Israeliten für ihre Entscheidungen zu kritisieren. Warum hat das Volk nicht besser auf Moses gehört? Warum hat man Gideon nicht für seine Anstrengungen gedankt? Warum ist Salomo gefallen, der alles hatte, was er wollte? Warum wurden Elia, Jeremia und die anderen Propheten verfolgt?

Doch bevor wir Kritik üben, sollten wir uns selbst in ihre Situation hineinversetzen. Es ist einfach, im nachhinein weise zu sein.

Und wo sonst in der Weltgeschichte finden wir eine Nation, die ihre eigenen Versäumnisse und Fehler so öffentlich bloßstellt und aufzählt? Nationale Geschichte strotzt für gewöhnlich von Selbstrechtfertigung, Eigenlob, Entschuldigungen, Reinwaschungsversuchen und Verdrehungen.

Hier haben wir es im Gegensatz dazu mit einem Volk zu tun, das eine einzigartige Berufung hat – eine Berufung, die nicht allein Auswirkungen auf jede Nation und Person auf der Erde, sondern auf die Schöpfung selbst hat. Deshalb ist es nicht überraschend, daß es einen solch kolossalen Kampf um Israel geben sollte. Dies ist der Kampf, der in der Bibel beschrieben wird.

Der Fluch: Folge von Ungehorsam

Gott warnte sein Volk Israel davor, was geschehen würde, falls es seine Segnungen mißbrauchen oder seinen Glauben an ihn verlieren würde. Er sagte ihm durch Moses: *„Denn der Herr wird dich zerstreuen unter alle Völker von einem Ende der Erde bis ans andere…"* (5. Ms 28:64)

Trotz seiner Warnung lesen wir durch das ganze Alte Testament hindurch, daß Israel wiederholt von Gott abgefallen ist.

Der Herr schickte Richter, Propheten, Priester und Könige, um Israel zu retten, zu ermahnen und wiederherzustellen. Aber andere Länder übten durch andere Kulturen und andere Götter einen ständigen Druck auf jede Generation aus. Die Israeliten kamen fortwährend in Versuchung, Kompromisse einzugehen, sich zu ändern oder sich anderen Völkern anzupassen.

Als das Volk in der Wüste Probleme auf sich zukommen sah, schrie es zu Moses: *„Laß uns zurück nach Ägypten gehen!"* Als es ohne König war, schrie es zu Samuel: *„So setze nun einen König über uns, der uns richte, wie ihn alle Heiden haben."* (1. Sam 8:5)

Als die Israeliten durch Sünde unter die Herrschaft anderer Völker (Midianiter, Ammoniter und Philister) gerieten, da schrien sie zum Herrn, und er schickte ihnen Retter (Ri 6:1–16). Trotzdem fielen sie bald wieder ab, begannen Kompromisse zu schließen und endeten einmal mehr unter heidnischem Einfluß durch die umliegenden Völker.

Heidnische Kulte und Götzendienst, Dämonenanbetung und Okkultismus wurden durch Könige wie Jerobeam, Ahab und andere eingeführt, obwohl das Gesetz sie ausdrücklich verbot. Königin Isebel unterstützte Hunderte der Propheten Baals. Sie legte Gärten für den Götzendienst an und ließ im Hinnomtal Kinder als Opfer für den Gott Moloch verbrennen. Das ging sogar so weit, daß im Tempelhof Götzen aufgestellt wurden und das Buch des Gesetzes verlorenging.

Dennoch: die Regierung von König Josia brachte eine Periode der Reformation (s. 2. Kön 22). Der Tempel wurde wiederhergestellt und die Tempeldienste wiederaufgenommen. Während dieses Wiederherstellungsprozesses wurde das Gesetzbuch in einer verborgenen staubigen Ecke wiedergefunden, in der es über Jahre unbenutzt gelegen hatte.

Hilkia, der Priester, brachte es zum König und begann, laut daraus vorzulesen. Als er das hörte, erschrak König Josia und zerriß seine königlichen Gewänder, weil ihm klar wurde, daß sein Volk das Gesetz gebrochen hatte und unter dessen Fluch gekommen war. Es war aus der Gerechtigkeit gefallen und mußte Buße tun! So wendete der König durch konsequente Erweckung Gottes Zorn von seinem Volk ab.

Ein weiteres Beispiel von Erneuerung und Reformation ist in den Tagen Hiskias zu sehen:

Er hing dem Herrn an und wich nicht von ihm ab und hielt seine Gebote, die der Herr dem Mose geboten hatte... Er entfernte die Höhen und zerbrach die Steinmale und hieb das Bild der Aschera um (2. Kön 8:6,4)

Deswegen war der Herr mit ihm in allem, was er tat, und segnete ihn.

Die Rolle der Propheten

Immer wenn Israel sich von Gott und seinem Gesetz abwandte, schickte er seine Propheten, um sein Volk zu korrigieren und zurückzuführen. Jesaja, Hosea, Amos und die anderen Propheten hatten alle die gleiche Aufgabe. Sie verkündeten Gericht gegen Gottlosigkeit und ungerechte Handlungen, aber sie sprachen genauso von Gnade, Vergebung, Wiederherstellung und Segen.

Kein Prophet sagte jemals: „In Ordnung, das war's! Das war eure letzte Chance. Ihr seid am Ende, als Volk und als Nation." Jeder Prophet, der Gericht verkündete, sprach ebenso von Wiederherstellung. Wenn die Propheten über Zerstreuung sprachen, redeten sie ebenso über Wiederzusammenführung.

Trotzdem ließ Gott sein Gericht über das Volk Israel kommen. Er entwurzelte sie aus ihrem Land und verurteilte sie zu 70 Jahren Gefangenschaft in Babylon. So klagte Jeremia:

Die Straßen nach Zion liegen wüst, weil niemand auf ein Fest kommt. Alle Tore der Stadt stehen öde, ihre Priester seufzen, ihre Jungfrauen sehen jammervoll drein, und sie ist betrübt. Ihre Widersacher sind obenauf, ihren Feinden geht's gut; denn der Herr hat über die Stadt Jammer gebracht um ihrer großen Sünden willen, und ihre Kinder sind gefangen vor dem Feind dahingezogen. Es ist von der Tochter Zion aller Schmuck dahin. Ihre Fürsten sind wie Hirsche, die keine Weide finden und matt vor dem Verfolger herlaufen. (Klag 1:4–6)

Welche Zwangslage! Alle Hoffnungen auf das, was Gott verheißen hatte, waren zerschlagen. Der Tempel war bis auf die Grundmauern niedergebrannt, die Stadtmauern waren zerstört, und

Jerusalem lag in Trümmern. Gott, der einst ihr Schild und ihr Schutz, ihre Festung und ihre Burg gewesen war, war jetzt weit weg. Anstatt mit Gnade, kam Gott jetzt mit seinem Gericht.

Hosea 4:1 sagt: *„Denn der Herr hat Ursache, zu schelten, die im Lande wohnen; denn es ist keine Treue, keine Liebe und keine Erkenntnis Gottes im Lande..."*

Jesaja 1:4+7 fährt fort: *„Wehe dem sündigen Volk, dem Volk mit Schuld beladen, dem boshaften Geschlecht, den verderbten Kindern, die den Herrn verlassen, den Heiligen Israels lästern, die abgefallen sind...Euer Land ist verwüstet, eure Städte sind mit Feuer verbrannt; Fremde verzehren eure Äcker vor euren Augen; alles ist verwüstet wie beim Untergang Sodoms."*

Was für ein Unglück! Alles, was Moses ausgesprochen hatte, alles, was Gott auf dem Sinai verheißen und mitgeteilt hatte, alles, worüber David gesungen und was Salomo aufgebaut hatte, war verloren. Nichts war geblieben. Das Land war zerstört, Jerusalem niedergebrannt, und die Leute waren weggeführt worden in Gefangenschaft. Wo waren die Verheißungen jetzt? Hoffnung war vergangen. Entmutigung, Enttäuschung, Kummer und Elend waren alles, was geblieben war.

Zweifellos fragten sich viele: „Hat Gott uns für immer verlassen? Sind wir aus seiner Gegenwart ausgewiesen?" Die Worte der Propheten waren erfüllt worden. Sie hatten ihre Warnungen ausgesprochen, aber das Volk hatte nicht zugehört, und jetzt fühlte es sich wie der letzte Dreck. „Wird das Land anderen zufallen? Wird unsere Nation zugrunde gehen wie so viele andere?"

Die Treue Gottes

Dann sprach Gott:

> **So spricht der Herr, der die Sonne dem Tage zum Licht gibt und den Mond und die Sterne der Nacht zum Licht bestellt; der das Meer bewegt, daß seine Wellen brausen – Herr Zebaoth ist sein Name: Wenn jemals diese Ordnungen vor mir ins Wanken kämen, spricht der Herr, so müßte auch das Geschlecht Israels aufhören, ein Volk zu sein vor mir ewiglich.** (Jer 31:35+36)

Gott hat keine Pläne zur Auflösung seines Volkes! „Und ich will die Übriggebliebenen meiner Herde sammeln aus allen Ländern, wohin ich sie verstoßen habe..." (Jer 23:3)

Das genau ist es, was er Moses versprochen hatte, wenn sie nach einem Rückfall zurückkommen würden: *„... so wird der Herr deine Gefangenschaft wenden und sich deiner erbarmen und wird dich wieder sammeln aus allen Völkern, unter die dich der Herr, dein Gott, verstreut hat."* (5. Ms 30:3)

Nicht ein einziger Prophet verdammte das Volk für immer. Jede Sünde kann vergeben werden, und jede Übertretung kann gesühnt werden. Nach jedem Gericht gibt es eine Wiederherstellung, und nach jeder Zerstreuung eine erneute Sammlung.

Warum? Weil die Kinder Israel für alle Zeiten Gottes ausgewähltes Volk sind. Weil Gottes Bund ewig währt! Weil seine Verheißungen für ihre Vorväter immer in Kraft bleiben! Darum sagt er in Hesekiel 36:8 zu der versengten und verwüsteten Erde: *„Aber ihr Berge Israels sollt wieder grünen und eure Frucht bringen meinem Volk Israel, denn bald sollen sie heimkehren."*

Gott kann seine Verheißungen nie vergessen. Er hat weder seine Pläne noch sein Volk vergessen. Er wird sein Land oder sein Volk nie vergessen, noch wird er seine Stadt im Stich lassen – den Ort, den er mit seinem eigenen Namen verbunden hat. Er hat von Jerusalem gesagt: „*Denn der Herr hat Zion erwählt, und es gefällt ihm, dort zu wohnen. Dies ist die Stätte meiner Ruhe* ***ewiglich****; hier will ich wohnen, denn das gefällt mir.*" (Ps 132:13–14)

Während die Umstände finsterer als je zuvor erschienen, leuchteten die Verheißungen wie ein Licht in einer düsteren Wildnis. Gott meint immer noch, was er über sein Volk gesagt hat! Seine Ziele werden immer erreicht, und sein Volk wird gesegnet werden. Seine Verheißungen gelten für ewig!

2

Das Land

...Hebe deine Augen und sieh von der Stätte aus, wo du wohnst, nach Norden, nach Süden, nach Osten und nach Westen. Denn all das Land, das du siehst, will ich dir und deinen Nachkommen geben für alle Zeit... (1. Ms 13:14–15)

Der Gott der Geschichte

Es ist unmöglich, das moderne Israel und das jüdische Volk zu verstehen, ohne die Berufung sorgfältig zu berücksichtigen, die Gott ihm gegeben hat. Der Lauf der Ereignisse im Nahen Osten ist ebenso unerklärlich ohne das Hintergrundwissen über die biblischen Schilderungen. Gottes Wort und seine Berufung sind ausschlaggebend, wenn wir die Gesamtheit der Ereignisse in und um Israel während dieser Zeit verstehen wollen.

Gott ist absolut beteiligt an der Zeitgeschichte, weil er sich mit Menschen, Orten und Tatsachen beschäftigt. Andere Religionen ignorieren Tatsachen und konzentrieren sich stattdessen auf Fabeln und Phantasien. Aber der Gott Israels ist die Wahrheit, und er beschäftigt sich mit Realitäten. Deshalb ist er untrennbar mit Menschen und Situationen verbunden. Es gibt im Gegensatz zu vielen Philosophien nichts Abstraktes an Gott. Er wird ein Land und ein Volk gebrauchen, um die ganze Menschheit zu segnen. Ohne das Land und ohne das Volk können sein Willen und seine Pläne nicht verstanden werden.

Von den ersten Anfängen an wirkte Gott an der Erfüllung seiner Pläne. Nach dem Sündenfall stellte er seine Gemeinschaft mit der Menschheit wieder her, indem er einen Mann zum Erzvater eines Volkes erwählte. Dies sollte die Nation sein, durch die der Messias geboren würde, der der ganzen Menschheit Segen bringen sollte. Schon in 1. Mose 3:15 hören wir, wie Gott zu der Schlange spricht: *„Und ich will Feindschaft setzen zwischen dir und dem Weibe und zwischen deinem Nachkommen und ihrem Nachkommen; der soll dir den Kopf zertreten, und du wirst ihn in die Ferse stechen."* Bereits zu Beginn der Zeitgeschichte begann Gott seinen Plan zu verwirklichen und versprach der Menschheit, daß jemand kommen würde, um die Herrschaft des Satans zu zerstören und die ursprüngliche Gemeinschaft mit dem Schöpfer wieder herzustellen. Doch wie würde das geschehen – und wann?

Im Lauf der Generationen nahm die menschliche Rasse zu und breitete sich über die ganze Erde aus. Und in dem Maß, in dem sie sich vermehrte, nahm auch die Sünde zu. – Wir lesen in 1. Mose 6:5–6:

Als der Herr sah, daß der Menschen Bosheit groß war auf Erden und alles Dichten und Trachten ihres Herzens nur böse war immerdar, da reute es ihn, daß er die Menschen gemacht hatte auf Erden, und es bekümmerte ihn in seinem Herzen.

Die Sünde vervielfältigte sich und das Gericht folgte, das die Sintflut mit sich brachte. Anschließend begann Gott mit Noah noch einmal von vorne. Er und seine drei Söhne, Sem, Ham und Japhet, wurden die neuen Erzväter aller Generationen, die seitdem die Erde bewohnt haben.

Aus der Linie Sems wurde ein Mann namens Eber geboren (1. Ms 11:14). Von diesem Namen soll das Wort (H)ebräer abstammen. Viele Jahre danach wurde Nahor geboren, der Vater Terachs, und Terach war der Vater Abrams.

Die Zusage des Landes

Abram lebte in Ur in Chaldäa, dem heutigen Irak. Gott rief ihn heraus aus Ur, und jetzt machte Gottes Heilsplan einen dramatischen Sprung nach vorne. Statt pauschal mit allen Nationen zu arbeiten, wählte er nur eine einzige aus, durch die er *alle anderen Völker* segnen wollte. Das Ziel in seinem Herzen blieb dasselbe, nur seine Methoden veränderten sich.

Der Herr hatte zu Abram gesagt: *„Geh aus deinem Vaterland und aus deiner Verwandtschaft und aus deines Vaters Hause in ein Land, das ich dir zeigen will. Und ich will dich zum großen Volk machen und will dich segnen und dir einen großen Namen machen, und du sollst ein Segen sein. Ich will segnen, die dich segnen, und verfluchen, die dich verfluchen; und in dir sollen gesegnet werden alle Geschlechter auf Erden." (1. Ms 12:1–3)*

Jetzt hatte Gott einen Mann, Abram, ausgewählt, durch den er die gesamte Menschheit segnen wollte. Um das zu erreichen, versprach Gott ihm zweierlei: Er versprach Abram ein Land, und daß er zu einem Volk werden sollte.

Als Abram gehorcht hatte und im Land Kanaan ankam, sagte Gott zu ihm: *„Deinen Nachkommen will ich dieses Land geben."* (1. Ms 12:7) Das bedeutete, Abrams Nachkommen würden ein Land bekommen, das sie ihr eigenes nennen könnten. Später, nachdem Lot Abram wegen der Querelen zwischen ihren Hirten verlassen hatte, kam der Herr erneut zu Abram und sagte zu ihm:

Hebe deine Augen auf und sieh von der Stätte aus, wo du wohnst, nach Norden, nach Süden, nach Osten und nach Westen. Denn all das Land, das du siehst, will ich dir und deinen Nachkommen geben für alle Zeit und will deine Nachkommen machen wie den Staub auf Erden. Kann ein Mensch den Staub auf Erden zählen, der wird auch deine Nachkommen zählen. Darum mach dich auf und durchzieh das Land in die Länge und Breite, denn dir will ich's geben. (1. Ms 13:14–17)

Von jeder Stelle aus, wo Abram stand, und so weit er in jede Richtung sehen konnte, konnte er das Land überschauen, das Gott ihm verheißen hatte. Doch für wie lange sollte die Zusage gelten? Vers 15 gibt uns die Antwort: für alle Zeit.

Das heißt, daß sich Gottes Zusage an Abram, daß er und seine Nachkommen in dem Land Israel leben sollten, nicht auf eine einzige oder nur auf ein paar Generationen beschränkte. Die Zusage sollte Abrams Nachkommen für immer gelten.

Der Bund mit Abraham

Auf Abrams Wanderungen durch das Land Kanaan mit Gott zusammen offenbarte Gott ihm seine Pläne. Er versicherte Abram, daß er einen Sohn bekommen und eine volkreiche Nation werden sollte und bestätigte ihm, daß das Land ihm gehöre.

„Ich bin der Herr," sprach Gott zu ihm, *„der dich aus Ur in Chaldäa geführt hat, auf daß ich dir dies Land zu besitzen gebe."* (1. Ms 15:7)

Abram entgegnete mit der Frage: *„Herr, mein Gott, woran soll ich merken, daß ich's besitzen werde?"* (1. Ms 15:8)

Gott antwortete Abram, indem er einen Bund mit ihm schloß. Dieser Bund wurde bestätigt durch einen rauchenden Ofen und eine brennende Fackel, die zwischen den Opfertieren hindurchging, die Abram befehlsgemäß zerteilt hatte (1. Ms 15:9–17). Gott verkündete ihm: „*Deinen Nachkommen will ich dies Land geben, von dem Strom Ägyptens an bis an den großen Strom Euphrat.*" (1. Ms 15:18)

Sorgfältig wiederholte er Abram gegenüber immer wieder seine Zusage über das Land. Gott schloß ausdrücklich einen ewigen Bund mit Abram, um ihm zu versichern, das Land werde seinen Nachkommen für ewig gehören. Dessen Grenzen und Ausdehnungen werden in diesem Bundesschluß zum ersten Mal erwähnt.

Später änderte Gott Abrams Namen um in Abraham und schloß weitere Bündnisse mit ihm. In 1. Mose 17 sagte Gott zu Abraham: „*... denn ich habe dich gemacht zum Vater vieler Völker.*" (V. 5) Er erklärte von neuem, daß der Bund für ewig gelte (V. 7), und weiter in Vers 8: „*Und ich will dir und deinem Geschlecht nach dir das Land geben, darin du ein Fremdling bist, das ganze Land Kanaan, zu ewigem Besitz, und will ihr Gott sein.*" Das äußere Zeichen dieses Bundes war die Beschneidung.

Gottes Verheißungen an Abraham waren diese:

1. Gott hatte einen ewigen Bund mit ihm geschlossen. (1. Ms 17:7)
2. Abraham würde der Vater vieler Völker werden. (1. Ms 17:4–5)
3. Er würde der Vater der Kinder Israel werden. Segnungen würden über viele Völker kommen, aber Gott befestigte seinen Bund mit Isaak (1. Ms 17:19–21). Das auserwählte Volk Gottes würde durch Isaak kommen.
4. Abrahams Volk würde ein Land für alle Zeiten empfangen (1. Ms 17:8).
5. Das Volk würde den Herrn kennen und ihm dienen, und er würde ihr Gott sein (1. Ms 17:7–8).

Jetzt war der Grund gelegt und der Bund geschlossen: Gott hatte gesprochen und seinen Willen offenbart. Die Offenbarung von Gott selbst und seinem Willen war gegeben aufgrund des Bundes mit Abraham und auf die nachfolgenden Generationen ausgeweitet. Gott fuhr fort, Wunder und mächtige Taten zu vollbringen, damit sein Wille ausgeführt würde und die ganze Menschheit in seinen Segen kommen konnte (1. Ms 12:3; 22:18).

Der Bund wurde mit Isaak erneuert, und Gott verhieß ihm:

Bleibe als Fremdling in diesem Lande, und ich will mit dir sein und dich segnen; denn dir und deinen Nachkommen will ich alle diese Länder geben und will meinen Eid wahr machen, den ich deinem Vater Abraham geschworen habe, und will deine Nachkommen mehren wie die Sterne am Himmel und will deinen Nachkommen alle diese Länder geben. Und durch dein Geschlecht sollen alle Völker auf Erden gesegnet werden. (1. Ms 26:3–4)

Isaak wurde Vater zweier Söhne: Esau und Jakob. Doch statt daß die Bundeszusage auf Esau, den älteren Sohn, übergegangen wäre, wurde sie Jakob gegeben. Wie sein Großvater erhielt auch Jakob einen neuen Namen von Gott; er würde Israel genannt werden (1. Ms 32:28).

Im Land

Jakob erlebte eine lange, beschwerliche Reise, bevor er Gott begegnete und sein Leben verändert wurde. Es begann mit einem Konflikt. Jakob hatte seinen Bruder Esau um den Segen ihres Vaters Isaak betrogen und mußte dann vor Esaus Zorn aus dem Lande fliehen.

Trotzdem segnete Gott ihn, als er viele Jahre später zurückkehrte. Als er wieder ins Land kam, folgte er der Route, die früher schon sein Vorvater Abraham genommen hatte. Zuerst ging er nach Sichem und dann nach Bethel. Dort offenbarte sich ihm Gott selbst und sagte ihm verschiedene Dinge:

1. „Dein Name soll Israel sein." (1. Ms 35:10)

2. „Eine Menge von Völkern soll von dir kommen." (1. Ms 35:11)

3. „... und das Land, das ich Abraham und Isaak gegeben habe, will ich dir geben und will's deinem Geschlecht nach dir geben." (2. Ms 35:12)

Während Gott den Bund mit Jakob bestätigt, sehen wir von neuem, daß Gott fortwährend seine Zusage des Landes bestätigt. Er ist der Gott Abrahams, Isaaks und Jakobs; der Gott, der ihnen das Land als ewigen Besitz gegeben hat.

Die zwölf Söhne Jakobs sollten zu den zwölf Stämmen Israels werden. Auf seinem Sterbebett prophezeite er über jeden von ihnen und sprach über die zukünftige Nation, das Land und den kommenden Messias (1. Ms 49).

In diesem Stadium lebte das Volk nach wie vor in Ägypten, genau wie der Herr es Abraham vorausgesagt hatte (1. Ms 15:13). Es hatte sich vermehrt, litt aber auch unter furchtbarer Unterdrükkung, bis Gott zu Moses sprach und ihm auftrug, sein Volk zu befreien. Nach dem Essen des ungesäuerten Brotes und des Passah-Lammes kam schließlich die Befreiung. – Voller Zuversicht und Mut verließen die Israeliten daraufhin Ägypten, nachdem Gott gewaltige Wunder zu ihrer Rettung getan hatte.

Nachdem er sie gerettet hatte, sprach Gott erneut zu ihnen und offenbarte sich dem Volk am Berg Horeb auf dem Sinai, wo er ihnen die Zehn Gebote, das Gesetz und die Vorschriften für den Dienst an der Stiftshütte gab. Als Gott ihnen die Gebote übergab, wiederholte er wiederum die Zusage des Landes: *„Du sollst dei-*

nen Vater und deine Mutter ehren, auf daß du lange lebest ***in dem Lande****, das dir der Herr, dein Gott, geben wird."* (2. Ms 20:12)

Zweck der Befreiung aus Ägypten war, ins gelobte Land zu kommen. Gottes Absichten mit dem Erlaß all der Regeln und Vorschriften bestand darin, daß sie in dem Land gehalten werden sollten. So war der ganze Plan des Wüstenheiligtums ein Bild des künftigen Tempels. Der Plan zeigte den Dienst, der darin verrichtet werden sollte sowie die Feste und die Opfer, die der Herr wünschte, sobald die Israeliten *in dem Land* leben würden.

Der Bund ist noch heute gültig

Die Verheißungen, die Gott den Patriarchen Abraham, Isaak und Jakob gegeben hatte, wurden wie ein Erbe an die zwölf Stämme – die gesamte Nation Israel – weitergegeben. Seit dem Auszug aus Ägypten galt das Volk als Nation. Es hatte das Gesetz (die Thora) und war auf dem Wege in sein eigenes Land, Erez Jisrael. Psalm 105:6–11 sagt:

> **...du Geschlecht Abrahams, seines Knechts, ihr Söhne Jakobs, seine Auserwählten! Er ist der Herr, unser Gott, er richtet in aller Welt. Er gedenkt ewiglich an seinen Bund, an das Wort, das er verheißen hat für tausend Geschlechter, an den Bund, den er geschlossen hat mit Abraham, und an den Eid, den er Isaak geschworen hat. Er stellte ihn auf für Jakob als Satzung und für Israel als ewigen Bund und sprach: ‚Dir will ich das Land Kanaan geben, das Los eures Erbteils'.**

Klarer kann es nicht ausgedrückt werden! Der Allmächtige sagte es zu Abraham, er sagte es zu Isaak, er sagte es zu Jakob, und er sagte es zu Israel. Die Zusage wurde unter Eid ausgesprochen, als Gott mit seinem Volk den ewigen Bund schloß.

Gott denkt ständig an den Bund. Er sagte, daß er für tausend Generationen gelte. Noch sind keine tausend Generationen vergangen, seit Gott zu Abraham gesprochen hat, also gilt immer noch, was Gott gesagt hat. Dieses Land – mit den Grenzen, die er beschrieben hat – ist ein Gebiet, das den Kindern Israels vorbehalten ist.

Bei dieser Überlegung müssen wir zuerst einmal einsehen, daß das Land Gott gehört und nicht irgend jemand anderem. Er hat die gesamte Erde geschaffen, und sie gehört ihm. Zweitens, weil sie ihm gehört, kann er sie aufteilen, wie er will. Er hat einen kleinen Teil dieser Erde seinem auserwählten Volk gegeben, damit es dort leben und ihm dienen und ein Segen für die ganze Erde sein soll.

Drei Schlüsselorte: Hebron, Sichem, Jerusalem

Wenn wir nicht mit dem historischen Hintergrund vertraut sind, ist es unmöglich zu verstehen, was in Israel und dem übrigen Nahen Osten vor sich geht. Gott hatte zu den Patriarchen gesprochen und das Land für immer den Kindern Israels gegeben.

Er ist genau in allem, was er tut, und alles, was er tut, ist gerecht. Heutzutage wird dem modernen Israel vorgeworfen, das Land existiere nur deshalb, weil die Israelis es den Arabern gestohlen hätten. Das ist nicht wahr. Um die Situation aber richtig zu verstehen, müssen wir uns über den historischen Hintergrund im klaren sein.

Als Gott zu Abraham sprach, war der noch immer ein Fremder im Land Kanaan. Das wird deutlich, wenn wir über Abrahams Vorbereitungen zum Begräbnis seiner Frau Sarah lesen. In 1. Mose

23:12–18 finden wir, daß er mit den Hetitern in Hebron über den Kauf der Höhle von Machpela am Ende von Efrons Feld verhandelte. Efron verkaufte sie ihm für 400 Silberschekel. Auf diese korrekte legale Weise wurde Abraham der rechtmäßige Eigentümer eines Grundstückes in Hebron.

> **So wurde Efrons Acker in Machpela östlich von Mamre Abraham zum Eigentum bestätigt, mit der Höhle darin und mit allen Bäumen auf dem Acker umher, vor den Augen der Hetiter und aller, die beim Tor seiner Stadt versammelt waren.** (1. Ms 23:17+18)

Jahre später, als Josua das Land in Besitz genommen hatte, heißt es: *„Die Gebeine Josephs, die die Israeliten aus Ägypten gebracht hatten, begruben sie zu Sichem auf dem Stück Feld, das Jakob von den Söhnen Hamors, des Vaters von Sichem, für hundert Goldstücke gekauft hatte und das das Erbteil der Söhne Josephs ward."*

Noch später – in 2. Samuel 24:15–25 – lesen wir, wie David von Arauna für 50 Silberschekel einen Dreschplatz kaufte. Das ist derselbe Ort wie der Berg Moria, wo Isaak geopfert werden sollte: der Platz des künftigen Tempels.

An jedem der drei Orte – Hebron, Sichem und am Berg Moria – war Abraham schon gewesen, und alle drei waren lebenswichtig für Gottes Pläne mit den Kindern Israels. Sichem war der Ort des Bundesschlusses im Lande (s. 4. Ms 11: 29–30; Jos 8:30–35), Hebron war Davids Hauptstadt, bevor er Jerusalem auswählte, und der Berg Moria war der Platz des Tempels.

Wenn die Araber heute Israels Anwesenheit im Nahen Osten ablehnen und die Rückgabe der sogenannten West Bank fordern (die in Wirklichkeit Israels Kernland ist, nämlich Judäa und Samaria), kommt der fanatischste arabische Widerstand aus Nablus (Sichem), Hebron und vom Tempelberg in Ost-Jerusalem.

Das Wort Gottes verheißt das gesamte Land den Nachkommen Abrahams: den Israelis. Außerdem sind es genau diese drei Plätze, die gekauft wurden, und für die Abraham, Jakob und David bezahlt haben. Wenn überhaupt irgendwelche Gebiete Israel gehören, dann sind es diese.

Die Verträge sind niemals aufgelöst worden. Rechtmäßig gekauftes Land fällt nicht jemand anders zu, nur weil es der Eigentümer für eine Zeit verläßt, während er auf eine Reise geht. Es ist bezeichnend, daß Hesekiel in diesem Zusammenhang prophezeit:

> **So spricht Gott der Herr: Weil der Feind über euch frohlockt: „Ha, die ewigen Höhen sind nun unser Besitz geworden!", darum weissage und sprich: So spricht Gott der Herr: Weil man euch allenthalben verwüstet und vertilgt und ihr zum Besitz der übriggebliebenen Heiden geworden und übel ins Gerede der Leute gekommen seid, darum hört, ihr Berge Israels, das Wort Gottes des Herrn! So spricht der Herr zu den Bergen und Hügeln, zu den Bächen und Tälern, zu den öden Trümmern und verlassenen Städten, die den übriggebliebenen Heiden ringsumher zum Spott geworden sind...** (Hes 36:2–4)

Die Wüste blüht!

Genau das ist passiert. Dieser Grund und Boden ist rechtmäßig erworbenes Eigentum und göttliches Geschenk und liegt heute auf der sogenannten West Bank. Und von dort kommt der Hauptwiderstand gegen die Anwesenheit der Juden in ihrem eigenen Land. Aber weder die West Bank, arabischer Widerstand noch die Pläne für ein arabisches Palästina können die Tatsache in Frage stellen, daß Gott das Land den Kindern Israels gegeben hat.

Israel ist angeklagt worden, das Land von den Arabern gestohlen zu haben, doch solche Anschuldigungen fälschen geschichtliche Tatsachen. Als jüdische Zionisten gegen Ende des 19. Jahrhunderts begannen, nach Zion zurückzukehren, lebten nur sehr wenige Araber im Land. Es war in die Hände reicher arabischer Grundbesitzer gefallen, die in der Türkei, in Damaskus und Kairo lebten.

Das Land war weitgehend unbrauchbar für die Landwirtschaft, und es war beinahe wertloser Boden, den die Juden zu hohen Preisen kaufen mußten. Niemand dachte, daß es irgend jemand haben wolle, in dem Glauben, es könne sowieso nicht gewinnbringend beackert werden. Aber als die Juden es kauften, es trockenlegten und zu Ackerland machten, änderte sich die Situation plötzlich.

Die Araber reagierten, indem sie der Einwanderung der Juden eine arabische entgegensetzten. Araber begannen aus der anderen Richtung zuzuziehen, um die Flut der jüdischen Einwanderer aufzuhalten. Später, nach Israels Unabhängigkeit im Jahr 1948 und dem anschließenden Unabhängigkeitskrieg, entstanden Flüchtlingsprobleme. Araber, die sich erst *zwei Jahre* zuvor niedergelassen hatten, wurden als Flüchtlinge anerkannt.

Mit anderen Worten, viele Araber waren kaum erst eingewandert. Sie hatten eben nicht Hunderte von Jahren im Land gelebt, wie man leicht annehmen könnte.

Das Flüchtlingsproblem wird heutzutage ausgiebig diskutiert, und selbstverständlich wird auch über Israel geredet. Da werden alle möglichen Überlegungen vorgetragen, ob es den Juden erlaubt oder nicht erlaubt sein sollte, in dem Land zu leben. Manche führen historische Gründe an, einige weisen auf den Holocaust hin und andere auf den UN-Entschluß von 1947. Es gibt Argumente in Hülle und Fülle. Aber wichtiger als all diese ist der entscheidende Faktor: Gott hat das Land den Juden gegeben. Das Zeugnis der Schrift ist unmißverständlich: Gott hat gesagt, daß es *für immer* ihnen gehört.

3

Der Fluch des Anti-Semitismus

Im allerersten Buch der Bibel begegnen wir dem Ursprung des Anti-Semitismus, der durch die gesamte Kirchengeschichte bis zum heutigen Tage verfolgt werden kann. Anti-Semitismus hat viele Namen und mit allen möglichen Ideologien kollaboriert, mit religiösen genauso wie mit weltlichen. Aber immer hat er dasselbe Angriffsziel: die Freiheit des jüdischen Volkes, seine Sicherheit und seine Existenz überhaupt.

2. Mose 3:15 zeigt den Grund für diese Feindschaft, als Gott Satan sagte, daß der Same oder Nachkomme der Frau den Kopf der Schlange zertreten würde. Gott wollte den Samen der Frau gebrauchen, um all das zurückzubringen, was Satan durch den Sündenfall gestohlen hatte.

Gottes Plan war, daß der Same der Frau durch Abraham kommen sollte. Abrahams Samen sind die Kinder Israel. Sie waren es, durch die der Messias kommen würde, und ebenfalls durch sie sollte es geschehen, daß Gott die Menschheit segnen würde. Sie sollten ein anderes Volk sein und Gott mit ihrem ganzen Herzen lieben.

Es sollte deshalb nicht überraschen, daß diese sündenverstrickte Welt voller Götzendienst, Egoismus und Feindschaft gegen Gott zu einer Brutstätte für den Haß gegen die Menschen geworden ist, die er erwählt hat. So hat sich der Anti-Semitismus von den frühesten Zeiten an gezeigt: verwurzelt in Neid und Haß.

Sogar Isaak, Abrahams Sohn, begegnete ihm. 1. Mose 26:14 und 27 berichtet uns über die Reaktion der Leute Abimelechs gegen ihn:

> **...so daß er viel Gut hatte an kleinem und großem Vieh und ein großes Gesinde. Darum beneideten ihn die Philister... Aber Isaak sprach zu ihnen: „Warum kommt ihr zu mir? Hasset ihr mich doch und habt mich von euch getrieben."**

Die Gegenwart von Gottes Volk demaskiert geistige Mächte

Auf ein anderes Beispiel von Anti-Semitismus stießen die Kinder Israels, als sie noch in Ägypten waren. So wie sie sich vermehrt hatten, so vermehrte sich auch der Haß gegen sie. Als sie dann zur Nation wurden, entstanden die ersten Pläne zu ihrer Vernichtung. Sie wurden unterdrückt, in die Sklaverei gezwungen, geplagt mit unmenschlicher Zwangsarbeit, und ihre neugeborenen Söhne wurden umgebracht.

Schließlich befreite der Herr sie von ihren Quälgeistern, aber die böse geistige Macht, die sie verfolgt hatte, gab nicht auf. Haß, Bedrohung und Einschüchterung begegnete ihnen von überall her. Andere Völker sahen sie als Gefahr an. Rahab berichtete den Kundschaftern, die sie in ihrem Haus in Jericho versteckte: *„...ein Schrecken vor euch her ist über uns gefallen, und alle Bewohner des Landes sind vor euch feige geworden."* (Jos 2:9)

Die umliegenden Völker empfanden entweder Achtung und Zuneigung oder Neid und Haß gegenüber Israel, je nachdem wie gut ihr Verhältnis zu Israels Gott war. Die Anwesenheit der Israeliten offenbarte, was in den Herzen der Völker war: Liebe oder Haß, Rebellion oder Treue gegenüber dem Herrn, dem Gott Israels.

Wenn Israel stark war in seinem Gott, wurde es mit jedem Widerstand fertig; wenn es schwach war, unterlag es. Dies Phänomen war ständig zugegen, weil eine böse geistige Macht dahinterstand. Es handelte sich um dämonisch inspirierten Haß und Aufstand gegen Gottes Plan für die Wiederherstellung der Menschheit.

Der Feind hat immer versucht, die jüdische Nation zu behindern oder auszulöschen, damit die Prophetien Gottes nicht verwirklicht werden könnten.

Als Gott nach der babylonischen Gefangenschaft sein Volk nach Zion zurückgerufen hatte, wurde ein weiterer dämonischer Plan ausgebrütet. Haman, der Agagiter, hatte die Idee, alle Juden auszurotten. Das Buch Ester schildert die Geschichte von Hamans Wut, als Mordechai sich weigerte, vor ihm niederzuknien. Seine Wut richtete sich nicht allein gegen Mordechai, sondern auch gegen dessen ganzes Volk. Haman sagte zum König:

> **Es gibt ein Volk, zerstreut und abgesondert unter allen Völkern in allen Ländern deines Königreichs, und ihr Gesetz ist anders als das aller Völker, und sie tun nicht nach des Königs Gesetzen. Es ziemt dem König nicht, sie gewähren zu lassen.**
> **Gefällt es dem König, so lasse er schreiben, daß man sie umbringe; so will ich zehntausend Zentner Silber darlegen in die Hand der Amtleute, daß man's bringe in die Schatzkammer des Königs.** (Ester 3:8–9)

Diese Schriftstelle enthält das Problem der Juden. – Dies ist das Gesicht des Anti-Semitismus.

Als Mordechai nicht niederknien wollte, kam in typischer Weise der Anti-Semitismus in Haman auf, und er klagte die Juden in drei Punkten an:

1. Es gibt *„ein Volk, zerstreut und abgesondert unter allen Völkern"*, was den Eindruck erwecken sollte, sie seien subversiv.
2. Es gibt ein Volk, *„dessen Gebräuche sich unterscheiden von denen aller anderen Völker"*, was bedeuten sollte, sie seien anders; und sie seien ein Volk, das
3. *„nicht den Gesetzen des Königs gehorcht",* was unterstellt, daß sie weder gesetzestreu noch loyal, sondern untreu und nicht vertrauenswürdig seien (Ester 3:8).

Wenn man die lange und tragische Geschichte des Anti-Semitismus genau studiert, offenbart sich die „alte Leier" solcher Anklagen.

Bei einer anderen Gelegenheit traf Schadrach, Meschach und Abed-Nego ein ähnliches Los, als sie sich weigerten, vor den falschen Göttern und Götzen Babylons niederzufallen. Über sie wird gesagt:

Nun sind da jüdische Männer, die du über die einzelnen Bezirke im Lande Babel gesetzt hast, nämlich Schadrach, Meschach und Abed-Nego; die verachten dein Gebot und ehren deinen Gott nicht und beten das goldene Bild nicht an, das du hast aufrichten lassen. (Dan 3:12).

Keine Sicherheit in der Zerstreuung

Nach der Gefangenschaft in Babylon kehrten nicht alle Juden heim – manche blieben dort. Sie zogen herum, wurden Händler und siedelten sich in den Geschäftsmetropolen benachbarter Länder an. Nach einiger Zeit entstanden jüdische Enklaven und Synagogen rund um das Mittelmeer. Diese waren es, die Paulus immer zuerst aufsuchte, wenn er das Evangelium predigte, *„zuerst den Juden, danach den Heiden"* (Röm 1:16).

Seitdem haben wir die Zerstreuung der Juden: die *Diaspora.* Wann immer sie sich ansiedelten, geschah das in der Regel mehr oder weniger durch Gnade, abhängig von der Gewogenheit der Könige oder Regenten dieser Städte. Die Juden reagierten hauptsächlich in zweierlei Weise auf diese Situation: Die einen nahmen eine orthodoxe religiöse Haltung ein, die anderen bevorzugten die Anpassung.

Letztere taten alles, was sie konnten, um so zu sein wie alle anderen um sie herum. Sie änderten ihre Lebensweise und wurden tatkräftige und loyale Bürger der Länder, in denen sie lebten. Solche Juden wurden absorbiert von der jeweils üblichen Religion und Kultur.

Andere hielten trotz ihrer Umgebung an dem Glauben ihrer Väter fest. Daniel ist ein solches Beispiel. Als der Erlaß kam, daß es verboten sei, irgend jemand anderes, als König Darius anzubeten, machte er dennoch so weiter wie bisher und betete dreimal täglich zu seinem Gott.

> **Als nun Daniel erfuhr, daß ein solches Gebot ergangen war, ging er hinein in sein Haus. Er aber hatte an seinem Obergemach offene Fenster nach Jerusalem und fiel dreimal am Tag auf seine Knie, betete und lobte und dankte seinem Gott, wie er es auch vorher zu tun pflegte.** (Dan 6:11)

Daniel änderte seine Lebensweise nicht und gab auch nicht dem Anti-Semitismus seiner Zeit nach.

Der Sündenbock für alle

Anti-Semitismus kann persisch sein, griechisch oder römisch – er kann moslemisch sein, nationalsozialistisch, religiös, weltlich oder christlich. Aber ohne Unterschied enthält er dieselben drei Beschuldigungen: „Sie sind anders, sie sind eine Bedrohung, und sie sind treulose Verschwörer, denen man nicht trauen kann."

Als Moses die Zerstreuung prophezeite, sagte er:

Denn der Herr wird dich zerstreuen unter alle Völker von einem Ende der Erde bis ans andere, und du wirst dort andern Göttern dienen, die du nicht kennst noch deine Väter: Holz und Steinen. Dazu wirst du unter jenen Völkern keine Ruhe haben, und deine Füße werden keine Ruhestatt finden. Denn der Herr wird dir dort ein bebendes Herz geben und erlöschende Augen und eine verzagende Seele, und dein Leben wird immerdar in Gefahr schweben; Tag und Nacht wirst du dich fürchten und deines Lebens nicht sicher sein. (5. Ms 28:64–66)

Moses Prophetie hat sich tatsächlich erfüllt. Wieviele von uns sind nicht schon mal feindlich, gehässig oder zumindest neidisch gegenüber den Juden gewesen oder haben ihnen auf irgendeine Weise etwas in die Schuhe geschoben? Sogar in sicheren Zeiten änderte sich ihre Lage abrupt, wenn sie von neuen Wellen der Verfolgung überrollt wurden.

Generation für Generation erhob sich derselbe böse Geist mit dem einen beharrlichen Ziel: die Juden zu demütigen, zu behindern, zu verfolgen und wenn möglich auszurotten. Seine Absicht ist immer dieselbe geblieben, nur die Methoden haben sich geändert.

Obwohl während der Zeit von Esra und Nehemia viele Juden in ihr Land zurückkehrten, behielten nichtjüdische politische Mächte ihren Einfluß im Lande und brachten ihre heidnischen Gebräuche und Riten mit. Römer und Griechen bekamen das Land in den Griff und besudelten es durch ihre ausgefallenen Gebräuche. Kummer muß die Herzen der aufrichtigen Juden erfüllt haben, ihr Land und Volk, das Gott für sich selbst ausgesondert hatte, unter heidnischem Einfluß zu sehen.

Außerdem reizten die Eroberer die Juden häufig, indem sie alles mögliche taten, was vom Gesetz Gottes her verboten war. Und es war entwürdigend für die Hohenpriester, von den römischen Statthaltern die Erlaubnis einholen zu müssen, zu den Festen die priesterlichen Gewänder tragen zu dürfen. Diese Gewänder wurden von den Römern in der Festung Antonia unter Verschluß gehalten und nur für einige wenige Gelegenheiten herausgegeben. So etwas erzeugte Frustration und Ungeduld.

Jüdische Zeloten erstachen römische Soldaten, und die Römer hatten bald genug von diesem dickköpfigen Volk, das sich weigerte, zu Mars und Jupiter zu beten oder gar das Haus eines Nichtjuden zu betreten. Schließlich explodierte die Situation.

Jesus prophezeite darüber, als er über das Schicksal Jerusalems weinte. „*... und sie werden fallen durch die Schärfe des Schwertes und gefangen weggeführt unter alle Völker, und Jerusalem wird zertreten werden von den Heiden, bis die Zeiten der Heiden erfüllt sind.*" (Lk 21:24)

Der neunte Aw (israelischer Frühlingsmonat)

Im Jahr 70 nach Christus unterdrückten die Römer einen jüdischen Aufstand, plünderten Jerusalem und brannten den Tempel bis auf den Grund nieder. Bezeichnenderweise geschah das am neunten Tag des jüdischen Monats Aw. Der 9. Aw (Tischa Be-Aw) war als Fastentag festgesetzt und wurde zur Trauer um die Zerstörung des ersten Tempels gehalten.

Hunderte von Jahren zuvor hatte genau an diesem Tag Nebukadnezar den ersten Tempel zerstört. Jetzt, exakt am gleichen Tag, wurde auch der zweite Tempel zerstört. Ebenso bemerkenswert: Am selben Tag im Jahre 1290 wurden alle Juden aus England verbannt und wiederum an jenem Tag im Jahr 1492 sämtliche Juden aus Spanien ausgewiesen. Und manches andere Unglück hat die Juden an genau diesem Tag heimgesucht.

Nachdem sie unzählige Juden getötet und noch mehr vertrieben hatten, behielten die Römer für eine gewisse Zeit die Macht, doch im Jahre 135 nach Christus fand ein weiterer Aufstand statt. Der Rabbi Achiva kündigte einen Messias an: Bar Kochba, der den Kampf gegen die Römer aufnahm. Bar Kochbas Armee wurde wiederum am gleichen Tag vernichtet – am 9. Aw –, und die Römer vertrieben die restlichen Juden aus dem Land.

Jerusalem wurde völlig verwüstet, und der Platz, an dem einst der Tempel gestanden hatte, dem Erdboden gleichgemacht. Auf den Fundamenten der Stadt entstand eine neue: Aelia Capitolina, zu der kein Jude Zutrittserlaubnis hatte. Die endgültige Niederlage des jüdischen Volkes schien damit gekommen zu sein.

Die Gemeinde wird geboren

Zur gleichen Zeit war etwas völlig Neues entstanden. Nach Jesu Tod und Auferstehung kam der Pfingsttag – der Heilige Geist wurde ausgegossen und die Gemeinde geboren. Sie bestand aus Tausenden von Juden, die glaubten, daß Jesus von Nazareth der Messias war und daß sein Tod und seine Auferstehung genau das waren, was der Prophet vorausgesagt hatte: Er war der leidende Diener des Herrn: Messias Ben-Joseph.*)

Sie glaubten auch, daß er derjenige sei, auf den der Dienst im Tempel hinwies; er war das vollkommene Opferlamm, das die Sünde der Menschen für immer wegnehmen würde. Und ebenso glaubten sie, daß er bei seinem ersten Kommen in einer geringeren Gestalt erscheinen würde. Doch bei seinem zweiten Kommen würde er all die Prophetien über das Haus und das Königreich Davids als Messias Ben-David erfüllen.

Die Gemeinde wuchs, und viele Juden kamen hinzu. Sie unterschieden sich darin, daß sie zu den Heiden gingen, wie Jesus es ihnen befohlen hatte, und infolgedessen begannen viele Nichtjuden, sich zu Jesus als dem Messias zu bekennen. Das Neue Testament beschreibt, wie innerhalb der jüdischen Jesus-gläubigen Gemeinde Fragen darüber aufkamen, ob man von den Heidenchristen verlangen sollte, daß sie das mosaische Gesetz halten müßten oder nicht.

Die Apostel berieten die Sachen und befanden, daß das Gesetz und die Beschneidung nur die Juden betreffe. Die Heidenchristen sollten sich einfach nur von bestimmter Nahrung wie etwa Blut und von Unzucht fernhalten (s. Apg 15). Das besagte, die Juden mußten es nicht aufgeben, die Beschneidung zu praktizieren, den Sabbat zu halten oder die ihnen vorgeschriebenen Feste zu feiern, doch die Heidenchristen sollten das so nicht halten müssen.

Paulus beschrieb die nichtjüdischen Christen als Zweige, die von einem wilden, unfruchtbaren Ölbaum (die heidnischen Völker) genommen und in einen veredelten fruchtbaren Ölbaum (Israel) mit nährenden, saftführenden Wurzeln eingepfropft sind. Er

*) *Messias Ben-Joseph (Josephs Sohn) mit Bezug auf Joseph in Ägypten als ein Prototyp des Messias im Alten Testament. Sogar die jüdische Tradition hält Joseph für einen Prototyp des kommenden Messias wegen seiner Zurückweisung und seiner Erhöhung und deshalb, weil er am Ende seine Brüder aus der Hungersnot rettete.*

warnte die Heidenchristen vor Stolz und Überheblichkeit gegenüber den Wurzeln. – Erinnere dich, er sagte, es sind nicht die Zweige, die die Wurzeln tragen, sondern die Wurzeln tragen die Zweige.

„Wenn aber nun einige von den Zweigen ausgebrochen wurden und du, der du ein wilder Ölzweig warst, in den Ölbaum eingepfropft worden bist und teilbekommen hast an der Wurzel und dem Saft des Ölbaums, so rühme dich nicht gegenüber den Zweigen. Rühmst du dich aber, so sollst du wissen, daß nicht du die Wurzel trägst, sondern die Wurzel trägt dich." (Röm 11:17–18)

Die Abtrünnigkeit der Kirche

Dies war die Einstellung der frühen Gemeinde, die zu der Zeit überwiegend jüdisch war. Doch traurigerweise ging Paulus' Mahnung bei vielen Heidenchristen verloren, so daß die furchtbare Erscheinung des christlichen Anti-Semitismus aufzukommen begann. Als die Zahl der griechischen nichtjüdischen Gläubigen zunahm und sich über das Römische Reich ausbreitete, wurden die Gläubigen *Christen* genannt. Die Bezeichnung *Christ* kommt von dem griechischen Wort *Christos* für Messias.

Die Anzahl der Nichtjuden unter den Christen nahm ständig zu, und dies hatte eine negative Auswirkung: die zunehmende Entfremdung von der Wurzel Israel. Während die christliche Kirche wuchs, begann sie Elemente aufzunehmen, die nicht nur unbiblisch, sondern auch ausgesprochen anti-semitisch waren. Durch verschiedene Riten sicherte sich der griechische Gnostizismus eine Bastion in der Kirche, genau wie auch babylonische Mysterienkulte. Auch lokaler Aberglaube hatte zusammen mit dem Machtstreben bestimmter Bischöfe seine Auswirkungen. Schließlich erklärte der römische Kaiser Konstantin im vierten Jahrhundert den Kampf gegen das Christentum für verloren. Er proklamierte religiöse Freiheit für das Römische Reich und machte das Christentum zur Staatsreligion.

Viele hielten dies für eine positive Entwicklung, doch tatsächlich war das Gegenteil der Fall. Das wahre christliche Element der Erweckung wurde verdrängt, um schrittweise durch eine autoritäre kirchenpolitische Institution ersetzt zu werden. Daraus wiederum entstanden die römisch-katholische und griechisch-orthodoxe Religion, die wir heute kennen. Religion, menschliche Traditionen, Aberglaube und Legenden nahmen überhand, während das echte biblische Christentum allmählich von der Bildfläche verschwand.

Dafür rückten Marien- und Heiligenverehrung zunehmend in den Vordergrund. Diese Entwicklung führte zu einem zweifachen Angriff: zum einen gegen biblisch fundierte Erweckungsbewegungen (womit ich mich an dieser Stelle nicht beschäftigen will) und zum anderen gegen die Juden. Der Anti-Semitismus auf christlicher Grundlage wurde immer stärker.

Um dies völlig zu verstehen, müssen wir uns klarmachen, was das Wort Christ bedeutet. Es ist mittlerweile zu einem Synonym vieler verschiedener Begriffe geworden. Man hört von christlicher Ethik, christlicher Kultur, dem christlichen Standpunkt, einem christlichen Land, christlichen Konfessionen und so weiter. Auf die gleiche Weise redet man über jüdische Kultur, moslemische Länder und moslemische Kultur. Für den Nichteingeweihten kann das sehr verwirrend klingen.

Wenn ein Jude über den Holocaust unter den Nazis liest, verbindet er das mit einer christlichen Kultur, mit Kirchen und Liedern wie „Stille Nacht". Er stellt sich Nazis vor, die die Kirche besuchen, sich selbst Christen nennen und anschließend beim Massenmord an Juden mitmachen. Russisch-orthodoxe Christen verübten in der gleichen Art und Weise Pogrome gegen Juden, und durch die Geschichte hindurch können die Beispiele vervielfältigt werden.

Aber waren diese Leute Christen? – Ja und nein! Ja, sie kamen aus Ländern mit christlichen Kulturen. Aber waren sie Christen nach der biblischen Definition? Nie und nimmer! Einem Menschen, der die Botschaft des Evangeliums empfängt, sind seine Sünden vergeben, und er findet Frieden mit Gott. Er wird wiedergeboren, wird eine neue Schöpfung und hat ein neues Herz empfangen.

Die Bibel sagt uns, daß die Liebe Gottes ins Herz dieses Menschen geflossen ist. Wie kann dann so jemand, der doch eigentlich alle seine Mitmenschen und erst recht Gottes ausgewähltes Volk lieben soll, die Juden verfolgen? Unmöglich – kein wahrer wiedergeborener Christ kann ein Verfolger sein.

Ein Verfolger ist jemand, der von religiösem Haß getrieben wird, jemand, der Gott nicht kennt. Es ist tragisch zu sehen, daß dieselben religiösen Institutionen, die die Juden verfolgt haben, ebenso Christen verfolgt haben.

Es sind das Leben im Heiligen Geist und die Verheißungen und Bündnisse Gottes, die angegriffen, verfolgt und diffamiert wurden. Warum? Weil Religion ohne biblische Predigt, Bekehrung und geistliches Leben ein Leben im Tod ist. Dieser Tod haßt Gottes Leben, weil er es selbst nicht hat.

Sind Christen also unschuldig? Nein! Die Kirche hat Blut an ihren Händen!

Die Ersetzungs-Theologie

So wie die Kirche sich zwangsläufig von ihren jüdischen und biblischen Wurzeln entfernte, bekam sie immer mehr unbiblische Wesenszüge. Als das Christentum zur offiziellen Religion und per Gesetz zur Pflichtreligion des Römischen Reiches erklärt worden war, wurde den Juden verboten, ihre Feste zu feiern. Die Ersetzungs-Theologie bekam eine immer stärkere Vormachtstellung. Sie behauptete, daß die Kirche jetzt das neue Jerusalem sei und damit die Zeit der Juden beendet sei.

Weiterhin: Alle Juden seien dazu verdammt, auf ewig Flüchtlinge und Vagabunden zu sein oder für den Mord an Christus zum Tode verurteilt und hingerichtet zu werden. Dies kam nicht allein von den ungebildeten Massen, die auf Sensationen und Streit aus waren, sondern ebenso von Theologen – von den sogenannten Kirchenvätern, die als christusähnliche Vorbilder verehrt wurden!

Im fünften Jahrhundert prägte Johannes Chrysostomos, der berühmteste Prediger jener Zeit, neben vielen anderen folgendes Wort: „Die Synagoge ist schlimmer als ein Bordell. Die Juden sind ein Haufen Krimineller. Ich hasse die Synagoge und die Juden." *(The Roots of Anti-Semitism, Malcom Hay)*

Ähnlich vulgäre Ansichten wurden unter dem einfachen Volk populär und vermittelten den Leuten die Idee, daß jeder, Christ oder Nichtchrist, der Juden jagte oder ermordete, den Zorn Gottes über sie brachte und damit lediglich Gottes Willen ausführte. Mit anderen Worten: Es war völlig in Ordnung.

Man könnte eine sehr lange Liste über die Methoden aufstellen, wie Juden von den Christen verfolgt wurden: Sie verloren ihre Bürgerrechte, ihnen wurde das Recht verweigert, Land zu kaufen oder zu beackern. Ihnen wurde vorgeschrieben, wo sie zu wohnen hätten. Alternativen kamen nicht in Frage. Juden wurden aus

Ländern und Städten ausgewiesen. Sie wurden unverschämt hoch besteuert und verloren ihren Besitz ganz nach der Willkür der Obrigkeit. Sie wurden zwangsgetauft und -bekehrt. Juden wurden gezwungen, in Prozessionen mitzumarschieren, bei denen sie Spottlieder über sich selbst singen mußten. Man zwang sie, Schweinefleisch zu essen und besondere Hüte und gelbe Kennzeichen an ihrer Kleidung zu tragen, damit man sie leichter erkennen konnte.

Wann ist das geschehen? Während der 30er und 40er Jahre in Deutschland? Nein, während der gesamten Geschichte der christlichen Kirche. Unglück, Mißernten und Krankheiten, alles wurde den Juden angelastet. Die Schuld an der Pest wurde ihnen zugeschrieben, weil sie – dank ihrer besonderen Hygiene – weniger unter ihr litten. Sie wurden beschuldigt, Brunnen zu vergiften und Kinder von Christen rituell zu ermorden, um deren Blut für ihr ungesäuertes Brot zu verwenden.

Als Folge davon wurden jüdische Synagogen niedergebrannt, manchmal sogar, wenn die Menschen noch drinnen waren. In Spanien wurden Juden auf besonders bestialische Weise gefoltert und auf Scheiterhaufen verbrannt.

Ghettos und Pogrome

Man spionierte den Juden nach, die man zum Konvertieren gezwungen hatte, um herauszufinden, ob sie insgeheim immer noch ihre Religion ausübten. Einige Theologen glaubten, man müsse sie umbringen, weil sie sowieso auf ewig verloren seien. Andere meinten, sie sollten als abschreckendes Beispiel für das schreckliche Schicksal dienen, das Nichtchristen erwarte, und ihr Elend sollte die Lehren der Kirche veranschaulichen.

Im Jahre 1215, als die römisch-katholische Kirche die falsche Lehre der Transsubstantiation übernahm (sie besagt, daß die Sakramente des Mahles des Herrn zur physischen Substanz des Leibes und Blutes Jesu würden), wurden Tausende von Juden als Folge davon ermordet. Gerüchte wurden verbreitet, sie würden heimlich die Sakramente stehlen und Nadeln hineinstechen, um den Christus zu töten *(Anguish of the Jews, Flannery).*

Sogar die Juden, die unter Druck oder angesichts drohender Gefahr der Verfolgung zum Christentum übergetreten waren, wurden als Bürger zweiter Klasse behandelt. In Spanien ließ man sie in Kathedralen marschieren, wo man sie in Predigten verhöhnte, bevor man sie öffentlich auspeitschte.

Es war natürlich undenkbar, daß Juden irgendein hohes Amt bekleideten oder Reichtümer besaßen. Im Jahre 1492 wurden alle Juden, die die Inquisition überlebt hatten, gezwungen, spanisches Territorium zu verlassen – ohne Vorwarnung und ohne irgendwelchen Besitz mitnehmen zu dürfen.

In anderen Ländern fanden sie ausschließlich Zuflucht in kleinen, engen und übervölkerten Ghettos, wo sie jederzeit von irgendeinem launischen Statthalter ausgewiesen oder massakriert werden konnten. In Polen oder Rußland lebten Juden vielfach in bescheidenen Landstädtchen. Und trotzdem gab es immer wieder Pogrome (mit dem Einverständnis des Zaren und der russischen orthodoxen Kirche), in denen Hunderte und manchmal Tausende von Juden erschlagen wurden.

Überall derselbe Vorwurf: „Sie sind anders; sie sind unzuverlässig, unloyal." Und vor allem: „Sie sind auf ewig verdammt, weil sie Christus ermordet haben!"

Christusmörder – eine falsche Anschuldigung

Die letzte Anklage ist die schwerste, weil sie theologische Wurzeln hat. Aber ist sie wahr? Haben die Juden Jesus umgebracht? In der Geschichte der Theologie werden Juden häufig als diejenigen hingestellt, die Jesus gekreuzigt und somit verstoßen haben. Ob bewußt oder nicht: damit hatte sich ein theologisch begründeter Haß gegen Juden eingenistet.

Neben dieser anti-semitischen Sicht übernahmen viele Leute die Ersetzungs-Theologie, die die Verheißungen des Alten Testaments vergeistigt. Sie vereinnahmt sie und schließt die Juden aus, es sei denn, sie werden solche Christen wie alle anderen. Aber ist dies zu rechtfertigen, ist es biblisch, ist das christlich? Die Antwort lautet definitiv: „Nein!"

Erstens: Jesus wurde hingerichtet, nachdem der Rat der Juden ihn an die römischen Autoritäten übergeben hatte, die ihn aufgrund fragwürdiger Beweise zum Tode verurteilten. Die Hinrichtung selbst wurde anschließend von römischen Soldaten ausgeführt. Jesus hatte Tausende von Anhängern, und sicherlich waren die meisten Leute für ihn, doch aus Angst (eine ziemlich verbreitete Krankheit!) wagten sie nicht zu protestieren.

Der Geschichtsschreibung zufolge waren damit beide – Juden und Römer – beteiligt. Damit müßten konsequenterweise auch alle Römer und Italiener verfolgt werden, weil sie es waren, die die Nägel eingeschlagen haben. Wie schon gesagt sind lediglich wenige Juden beteiligt gewesen. Sogar der jüdische Hohe Rat war geteilt, denn wie wir wissen, waren zumindest Nikodemus und Joseph von Arimathia gegen die Hinrichtung Jesu.

Zweitens: Vom theologischen Standpunkt aus gesehen, sollte Jesus das Lamm sein, das für die Sünden der ganzen Menschheit geopfert werden *sollte.* Wer hat ihn dann umgebracht? Jeder in jedem Volk, weil jeder gesündigt hat! Es war die Sünde, begangen von jedem Sünder, die die Kreuzigung bewirkt hat. Müssen wir deshalb jeden, der Sünde in seinem Leben hat, verfolgen? Wenn das stimmt, dann fang bei dir selbst an!

Jesus sagte seinen Jüngern immer wieder, er müsse nach Jerusalem gehen, um dort zu leiden und zu sterben. Viel früher noch hatte Johannes der Täufer über ihn prophezeit, indem er sagte: *„Siehe, das ist Gottes Lamm, das der Welt Sünde trägt."* (Joh 1:29) Als Petrus in Gethsemane versuchte, das Leben Jesu mit einem Schwert zu verteidigen, erklärte Jesus:

> **Oder meinst du, ich könnte meinen Vater nicht bitten, daß er mir sogleich mehr als zwölf Legionen Engel schickte? Wie würde dann aber die Schrift erfüllt, daß es so geschehen muß?** (Mt 26:53–54)

Jesus sagte ebenso:

> **Darum liebt mich mein Vater, weil ich mein Leben lasse, daß ich's wiedernehme. Niemand nimmt es von mir, sondern ich selber lasse es. Ich habe Macht, es zu lassen und habe Macht, es wiederzunehmen. Dies Gebot habe ich empfangen von meinem Vater.** (Joh 10:17–18)

Jesus hat ständig darauf hingewiesen, daß sein Tod nötig sei – ein vorhergesagtes und vorherbestimmtes Opfer für die Sünden der ganzen Menschheit. Er betonte, daß er sein Leben freiwillig hingab; niemand hat es ihm genommen. Deswegen ist es eine abscheuliche Verzerrung der Wahrheit, mit dem Finger auf *eine* einzige Nation zu zeigen und sie allein für den Tod von Jesus verantwortlich zu machen.

Gott selbst wollte, daß Jesus starb. Allein durch den Tod Jesu, der stellvertretend für uns und unsere Sünde und Schuld geopfert werden sollte, konnten alle Sünden der Welt vor ihm abgebüßt werden. Sein Opfer war vollkommen freiwillig. Er tat es aus Liebe für die Menschheit. Niemand hat ihm sein Leben genommen; er selbst hat es gegeben.

Drittens: Gibt uns das ein Recht auf Rache und Haß? Überhaupt nicht! Im Einklang mit der Bibel: *„Liebe... läßt sich nicht erbittern, sie rechnet das Böse nicht zu."* (1. Kor 13:5) kann kein Gläubiger jemals behaupten, daß persönliche Rache, Vergeltung oder religiöse Verfolgung biblisch seien.

Viertens: Die Bibel sagt nicht aus, daß die Kirche die Verheißungen übernommen hat und diese nicht länger für die Juden gelten. Sie sagt auch nicht, daß die Juden nach der Zerstörung des zweiten Tempels auf ewig verdammt seien. Das ist kompletter Unsinn und schwerster Mißbrauch der Schriften. Die Bibel bekräftigt vielmehr immer wieder Gottes unendliche Liebe für das jüdische Volk.

Wenn du durchs Wasser gehst, will ich bei dir sein, daß dich die Ströme nicht ersäufen sollen; und wenn du ins Feuer gehst, sollst du nicht brennen, und die Flamme soll dich nicht versengen... weil du in meinen Augen so wertgeachtet und auch herrlich bist und weil ich dich liebhabe. Ich gebe Menschen an deiner Statt und Völker für dein Leben. So fürchte dich nun nicht, denn ich bin bei dir. (Jes 43:2.4–5)

So frage ich nun: Hat denn Gott sein Volk verstoßen? Das sei ferne! Denn ich bin auch ein Israelit vom Geschlecht Abrahams, aus dem Stamm Benjamin. (Röm 11:1–2)

Vers 28 fügt hinzu: „...aber im Blick auf die Erwählung sind sie Geliebte um der Väter willen."

Gott hat sein Volk nicht vergessen

Die Idee, die Kirche habe Israels Stelle eingenommen, ist falsch. Solche Lehre hat ein gewaltiges Maß von Anti-Semitismus geschaffen und muß deshalb in ihrem Kern angegriffen werden. Das jüdische Volk ist und bleibt Gottes ausgewähltes Volk. Gott hat niemals seinen Sinn geändert. Darüber hinaus gilt der Bund, den Gott mit seinem Volk geschlossen hat, für alle Zeiten.

> **So spricht der Herr, der die Sonne dem Tage und den Mond und die Sterne der Nacht zum Licht bestellt...Wenn jemals diese Ordnungen vor mir ins Wanken kämen, spricht der Herr, so müßte das Geschlecht Israels aufhören, ein Volk vor mir zu sein ewiglich.** (Jer 31:35–36)

Wie können Christen die Unverfrorenheit haben zu sagen, Gott sei nicht länger an dem jüdischen Volk interessiert? Wir können hier nicht auf jede Einzelheit der Ersetzungs-Theologie eingehen. Andere haben das bereits getan. Es ist genug, zu sagen, die Kirche wird im Neuen Testament nicht Israel genannt. Siebenundsiebzigmal werden die Namen Israel und Israelit im Neuen Testament gebraucht. In nur zwei dieser Fälle besteht irgendeine Verbindung zur Gemeinde; und diese beiden Bezugsstellen sind für gewöhnlich mißverstanden und mißbraucht worden.

Die Gemeinde ist die Gemeinde und das jüdische Volk, Israel, ist das jüdische Volk. Paulus stellt ausdrücklich klar: Die Gläubigen von heidnischer Geburt wurden gesegnet und *eingepfropft und haben teilbekommen an dem Saft und an der Wurzel des Ölbaums* (Röm 11:17). Dies ist eine völlig andere Haltung! Du bist durch Gnade Teilhaber an dem Segen von jemand anderem. Welche Freude! Welche Dankbarkeit!

Die biblischen Verheißungen Israels sind niemals dir gegeben worden, aber durch Gnade kannst du sie auch für dich selbst in Anspruch nehmen. Trotzdem bedeutet das nicht, daß du das Recht hast zu sagen, sie gehörten nicht länger Israel. Sie gehören Israel – für immer.

Wir haben diese Verheißungen regelmäßig vergeistigt, doch das ist eine Predigt-Methode, die von den Kirchenvätern eingeführt wurde, um zu vermeiden, das zu lesen, was geschrieben steht. Es war eine Methode, die sie gebrauchten, um einem Konflikt mit ihrer eigenen anti-semitischen Theologie auszuweichen, denn die biblischen Verheißungen bedeuten genau das, was sie aussagen.

Eine Dankbarkeitsschuld gegenüber den Juden

Hätte es nicht dem jüdischen Volk gegolten, so hätte die Welt niemals das Evangelium gehört! Jesus war ein Jude, und alle seine Jünger waren Juden! Das Neue Testament wurde von Juden geschrieben!

Weißt du, was das heißt? Du schuldest große Dankbarkeit für das, was du empfangen hast, zuerst Gott und dann seinem ausgewählten Volk. Wenn einige aus seinem Volk nicht an ihn glauben, freu dich, daß du es tust. Kritisiere sie niemals oder bilde dir ihnen gegenüber etwas ein! Den Juden gebührt dieselbe Achtung wie jeder anderen Gruppe. Zudem gibt es viele Ungläubige, die nicht nur Heiden, sondern direkte Feinde des Evangeliums sind. Sollten die genauso verfolgt werden?

Dieses Denken hat sich zu solch einer Verdrehung und Unordnung ausgewachsen und äußerstes Leid über so viele Menschen gebracht, daß es jetzt für die Kirche an der Zeit ist, ihre Sünden und die ihrer Vorväter zu bekennen. Die Kirche muß sich jedem

Anti-Semitismus verweigern, in welcher Form er auch immer auftritt. Sie muß mit jeder Art von unbiblischem Denken, falscher Theologie und menschlicher Lehre aufräumen, die traditionell über die Generationen weitergegeben worden ist.

4

Die Rückführung

...so wird der Herr, dein Gott, deine Gefangenschaft wenden und sich deiner erbarmen und wird dich wieder sammeln aus allen Völkern, unter die dich der Herr, dein Gott, verstreut hat. Wenn du bis ans Ende des Himmels verstoßen wärst, so wird dich doch der Herr, dein Gott, von dort sammeln und dich von dort holen. (5. Ms 30:3–4)

Es gibt immer einen Weg zurück

Gottes Bundesschlüsse und seine Verheißungen für sein Volk gelten für alle Zeiten. Das bedeutet: Jedesmal, wenn die Propheten mit dem Finger auf Israels Untaten und Untreue zeigten und wegen der Gottlosigkeit des Volkes Gericht ankündigten, zeigten sie auch den Weg zurück zu Gott. Gott liebt sein Volk mit einer ewigen Liebe.

Jeremia 31 besagt: *„Ich habe dich je und je geliebt, darum habe ich dich zu mir gezogen aus lauter Güte."* Niemals sagt Gott zu seinem auserwählten Volk Israel: „Das war's, ich bin fertig mit euch!" Im Gegenteil, selbst wenn es bis in die entlegensten Teile der Welt zerstreut würde, er verspricht, sie wieder zusammenzuführen!

Nach siebzig Jahren Gefangenschaft in Babylonien kehrte das Volk nach Hause zurück. Dem Propheten Daniel war klar, daß es zurückkehren würde, und er sagte sogar den Zeitpunkt voraus, denn er entdeckte, was Jeremia, ein anderer Prophet, geschrieben hatte: *„Denn so spricht der Herr: ‚Wenn für Babel siebzig Jahre voll sind, so will ich euch heimsuchen und will mein gnädiges Wort an euch erfüllen, daß ich euch wieder an diesen Ort bringe'."* (Jer 29:10) Wie schon erwähnt, die Zusage für das Volk wurde zwar erfüllt, aber nicht alle wollten zurückzukehren. Einige ließen sich an Handelsorten und in strategisch günstig gelegenen Städten nieder. Als das Emporkommen des Römischen Reiches auch Israel (bzw. das übriggebliebene Südreich Juda) erschütterte, waren die Israeliten bereits bis in dessen entfernteste Gebiete verstreut. Darum sagt Jakobus in Apostelgeschichte 15:21: *„Denn Mose hat von alten Zeiten her in allen Städten solche, die ihn predigen, und wird alle Sabbattage in den Synagogen gelesen."*

Während der Babylonischen Gefangenschaft entstanden die Synagogen und verbreiteten sich in der heidnischen Welt. In den Synagogen konnten sich die Juden der Diaspora versammeln, beten und aus der Thora lesen. Es waren Juden aus der Diaspora, die zu Pfingsten in Jerusalem anwesend waren und zu sich selbst sprachen:

Parther und Meder und Elamiter und die wir wohnen in Mesopotamien und Judäa, Kappadozien, Pontus und der Provinz Asien, Phrygien und Pamphylien, Ägypten und der Gegend von Kyrene in Libyen und Einwanderer aus Rom, Juden und Judengenossen, Kreter und Araber: wir hören sie in unsern Sprachen von den großen Taten Gottes reden.
(Apg 2:9–11)

Nächstes Jahr in Jerusalem

Sie waren aus Asien, Afrika und Europa gekommen, wie es die Schrift befahl, um Schawuot – Pfingsten – zu feiern. Sie kamen von überall auf der Welt, wohin es sie verschlagen hatte, um das Fest in Jerusalem zu feiern und den Tempel aufzusuchen.

Aber im Jahr 70 n. Chr., nachdem Titus die Stadt geplündert und den Tempel niedergebrannt hatte, wurde das jüdische Volk noch einmal entwurzelt und in alle Winde zerstreut. Als im Jahre 135 n. Chr. Bar Kochbas Aufstand fehlschlug, sah die Lage völlig hoffnungslos aus. Juden wurden aus Jerusalem selbst und sogar aus der Umgebung der Stadt verbannt, der man einen anderen Namen gab. So begann die große Zerstreuung.

Für Hunderte von Jahren war das jüdische Volk über die Erde verstreut. Aber wo sie sich auch niederließen, sie hatten etwas, das sie einigte: zuerst natürlich ihre Identität als Juden, dann die Synagoge und das Gesetz und schließlich ihr Verlangen, nach Israel zurückzukehren.

Ständig waren sie Ungerechtigkeit unterworfen, wurden schikaniert und unerbittlich verfolgt. Wo sie sich auch niederließen, waren sie völlig der Gunst anderer Mächte ausgeliefert. In manchen Ländern waren sie keinen Tag sicher, ob sie bleiben dürften oder in aller Eile packen und fliehen müßten. In anderen Ländern wurden viele assimiliert und verschwanden teilweise völlig als ethnische Gruppe.

Manche von ihnen brachen mit ihrem jüdischen Hintergrund, ganz einfach nur, um zu überleben. Sie fanden heraus, daß die kirchliche Taufe eine Fahrkarte in den europäischen Kulturkreis sein konnte, wo sie hofften, anerkannt und akzeptiert zu werden. Sie meinten, sie könnten am kulturellen Leben teilnehmen, Handel treiben und als normale Menschen leben.

Gleichzeitig wußten sie aber, daß sie nicht in ihrer eigenen Heimat waren. Jedes Jahr zu Passah (Ostern) pflegten sie zueinander zu sagen: „Nächstes Jahr in Jerusalem." Die Hoffnung auf Rückkehr in das Land, das Gott ihnen gegeben hatte, starb niemals.

In allen Gastländern wurden sie verfolgt, ob in Spanien, Italien, England, Deutschland, Polen oder Rußland. Rassismus, Vorurteile oder Angst bereiteten einen Nährboden für militanten Anti-Semitismus. Die Ersetzungs-Theologie der katholischen und orthodoxen Kirche, die dann auch von protestantischen Kirchen übernommen wurde, kam zu diesem Judenhaß hinzu. Obwohl das Wort Gottes gelehrt wurde, verleumdete und verfolgte die offizielle Kirche das jüdische Volk.

Und dennoch: Gott hielt immer noch seine Hand über die Juden, aller Theologie der katholischen Kirchenväter zum Trotz, auch wenn sie tausendfaches Leid und Elend herbeigeredet hatten. Sicherlich, die Schriften sprachen von Diaspora, ebenso aber sprachen sie von Rückkehr und Wiederherstellung.

Und der Herr wird zu der Zeit seine Hand zum zweiten Mal ausstrecken, daß er den Rest seines Volkes loskaufe, der übriggeblieben ist in Assur, Ägypten, Patros, Kusch, Elam, Schinar, Hamat und auf den Inseln des Meeres. Und er wird ein Zeichen aufrichten unter den Völkern und zusammenbringen die Verjagten Israels und die Zerstreuten Judas sammeln von den vier Enden der Erde. (Jes 11:11–12)

Gott plante nicht, sein Volk nur bei einer Gelegenheit und aus einem einzigen Land (Babylon) zurückzuführen. Er wollte sein Volk ein *zweites Mal von den vier Enden der Erde* zurückbringen. Das heißt, wo auch immer Juden leben, ist der Geist Gottes dabei, sie darauf vorzubereiten, in ihr Land zurückzukehren.

Darum sage: So spricht Gott der Herr: Ich will euch zusammenbringen aus den Völkern und will euch sammeln aus den Ländern, in die ihr zerstreut seid, und will euch das Land Israels geben. (Hes 11:17)

Denn ich will euch aus den Heiden herausholen und euch aus allen Ländern sammeln und wieder in euer Land bringen. (Hes 36:24)

Was sagt Gott hier? Er sagt, wohin auch immer die Juden gegangen sind, und wo sie sich auch niedergelassen haben – er wird sie zurückbringen! Warum? Weil sein Bund mit seinem Volk für immer gilt!

Das charakteristische Merkmal der Juden ist, daß sie den Stempel Gottes ewiger Ziele für sein Volk tragen. Ihre Position kann an einem Dreieck veranschaulicht werden: die eine untere Ecke ist das Volk, die andere das Land und die Spitze ist Gott selbst. Ohne das Land kann Gott nicht seine Absicht vollenden, die gesamte Menschheit zu segnen. Um seinen Willen zu verwirklichen, braucht er beides: das Land und das jüdische Volk.

Es geht hier nicht um die individuellen Rechte einer Nation. Es geht um ein Volk mit einer ewigen Berufung von Gott. Ohne das Land kann die Berufung nicht verwirklicht werden, und ohne Gott kann das Volk seine wahre Aufgabe nicht erfüllen. Deshalb fängt Gott mit dem Land an, wenn es ihm um sein Volk geht.

Das Unglaubliche geschieht heute

Wir lesen in Jesaja 43:4–5, daß der Herr neu sammeln will, *„weil du in meinen Augen so wertgeachtet und auch herrlich bist und weil ich dich liebhabe... So fürchte dich nun nicht, denn ich bin bei dir. Ich will vom Osten deine Kinder bringen und dich vom Westen her sammeln..."*

Was heißt das: Er ist bei ihnen? Er ist bei ihnen bei ihrer Rückführung aus allen Ländern. Nach dieser Schriftstelle werden sie aus dem Osten, dem Westen, dem Norden und dem Süden kommen.

...ich will sagen zum Norden: Gib her! und zum Süden: Halte nicht zurück! Bring her meine Söhne von ferne und meine Töchter vom Ende der Erde. (V. 6)

Das ist genau das, was heutzutage geschieht! Vor hundert Jahren hätten die Leute gelacht und ungläubig die Köpfe geschüttelt, wenn ihnen jemand gesagt hätte, Israel werde ein unabhängiges Land sein und die Juden würden von überall in der Welt dorthin in der *Alijah* (Rückkehr in das Heimatland Israels) einwandern. Niemand hätte geglaubt, daß Tausende von russischen und äthiopischen Juden nach Hause fliegen würden. Aber heute ist das Wirklichkeit.

Immer noch sind die Juden das geliebte Volk Gottes, das Wertvollste für ihn. Sie sind sein „Augapfel" (5. Ms 32:10).

Nachdem sie fast 2000 Jahre zerstreut unter heidnischen Völkern gelebt haben, sind die Juden jetzt auf ihrem Weg nach Hause – auf dem Weg, weil noch nicht alle angekommen sind. Hesekiel prophezeite nicht, daß nur ein paar wenige oder nur ein Überrest heimkehren würde.

Über das Land selbst hat er prophezeit:

Aber ihr Berge Israels sollt wieder grünen und eure Frucht bringen meinem Volk Israel, denn bald sollen sie heimkehren.
Denn siehe, ich will mich wieder zu euch kehren und euch mein Angesicht zuwenden, daß ihr angebaut und besät werdet.
Und ich will viele Menschen auf euch wohnen lassen, das ganze Haus Israel insgesamt, und die Städte sollen wieder bebaut und die Trümmer aufgebaut werden. (Hes 36:8–10)

Was sagt Hesekiel hier? Er sagt, sie werden wieder zusammenkommen! Und wie wird das passieren? Im 19. Jahrhundert, da schien es unvorstellbar, daß jemals wieder ein Land mit Namen Israel erstehen würde. Doch heute ist dieses Land Wirklichkeit. Was damals unglaublich erschien, ist jetzt eine lebendige Tatsache. Die Rückführung hat gerade erst begonnen!

Der Hintergrund der Rückkehr ist tragisch. Sicherheit auf Dauer hatte es für das jüdische Volk nie gegeben. In Rußland, wo die Zaren und die orthodoxe Kirche eine militante anti-semitische Tradition am Leben erhalten hatten, flackerten in regelmäßigen Abständen Verfolgungen und Pogrome auf. Zehntausende von Juden wurden niedergemacht, und noch mehr wurden aus ihren Häusern und Dörfern vertrieben.

Unter diesen russischen und auch unter den polnischen Juden, die dem Haß der Katholiken ausgesetzt waren, wuchs der Gedanke an Zion, ihr Heimatland, um so stärker. Die assimilierten Juden hatten jedoch kein Interesse, und die orthodoxen Juden beteten einfach nur und warteten darauf, daß der Messias kommen und alles für sie machen würde.

Doch eine neue Generation wuchs heran: eine Generation ausdauernder Pioniere; viele waren Atheisten und Sozialisten, doch alle hatten eine brennende Sehnsucht, ein Verlangen: in ihr altes Heimatland zurückzukehren.

Der moderne Zionismus

Das waren die Wurzeln des modernen Zionismus. Der Name, den wir damit am meisten verbinden, ist der von Theodor Herzl, ein österreichischer Journalist aus Wien. Die stark anti-semitischen Atmosphäre Wiens hatte dazu beigetragen, daß er sich der

Gesellschaft angepaßt hatte. (Einige Zeit später erfuhr Hitler dort dieselbe Atmosphäre, während er als mittelloser Künstler durch die Straßen spazierte.)

Herzl war von seiner Zeitung *Neue Freie Presse* nach Paris geschickt worden, um über das skandalöse Gerichtsverfahren gegen Alfred Dreyfus, Hauptmann der französischen Armee und Jude, zu berichten. Dreyfus war des Hochverrats und des Mißbrauchs seiner Position im Generalstab angeklagt worden, weil er Geheimnisse an die Deutschen ausgeplaudert haben sollte. Herzl war bei Dreyfus' Degradierung anwesend und hörte, wie die Meute draußen brüllte: „Tod für Dreyfus, Tod allen Juden!"

Er wurde bis in sein Innerstes erschüttert. Später schrieb er, sein gesamtes jüdisches Erbe sei in ihm erwacht. Nachdem er noch ein paar Tage durch die Straßen von Paris gezogen war, kehrte Theodor Herzl als ein völlig anderer Mann nach Hause zurück. Einige Monate später war sein Buch *Der Judenstaat* vollendet, das zum Manifest des modernen Zionismus werden sollte.

Der Judenstaat brachte die Träume vieler Juden auf den Punkt und wirkte wie ein Trompetensignal für den Zionismus. Am 29. August 1897 kamen Delegationen aus 16 Ländern in Basel in der Schweiz zum ersten zionistischen Kongreß zusammen. Anschließend schrieb Herzl in sein Tagebuch: *„In Basel habe ich den Judenstaat gegründet. Wenn ich das heute laut sagte, würde mir ein universelles Gelächter antworten. Vielleicht in fünf Jahren, jedenfalls in fünfzig, wird es jeder einsehen."*

Die Balfour-Erklärung

Der Zionismus wuchs rapide. Juden mit unterschiedlichstem Hintergrund schlossen sich zusammen, vereint durch das gemeinsame Bedürfnis nach einem eigenen Heimatland – Erez Jisrael.

Zu jener Zeit war das Land Israel Teil des von den Türken regierten Osmanischen Reiches. 1914 brach der Erste Weltkrieg aus, und die Briten kämpften im Mittleren Osten gegen die Türken. 1917 fanden zwei bedeutungsvolle Ereignisse statt: die Briten nahmen unter General Allenby Jerusalem ein und die Türken verloren Palästina.

Ebenfalls 1917 gab die britische Regierung, vertreten durch Außenminister Arthur James Balfour, ihre Zustimmung zur „Errichtung eines nationalen Heims für das jüdische Volk" in Palästina, veröffentlicht in einem Dokument, das heute als Balfour-Declaration (Balfour-Erklärung) bekannt ist.

Dieses Dokument gab den jüdischen Bestrebungen nach Rückkehr in ihr altes Heimatland einen rechtlichen Status. Palästina war – so steht es in der Balfour-Erklärung – ein großes Mandatsgebiet, das die beiden heutigen Staaten Israel und Jordanien umfaßte. Mit anderen Worten: das gesamte Gebiet sollte ein nationales Zuhause für die Juden werden.

Natürlich konnte der arabische Nationalismus diese Vereinbarung nicht hinnehmen und übte Druck auf die britische Regierung aus, ihre Zusagen nicht einzuhalten. Das palästinensische Mandatsgebiet wurde so aufgeteilt, daß alles Land östlich des Jordans (über 70 Prozent der gesamten Fläche) zu Transjordanien (später Jordanien), einem arabischen Land, wurde. Übrig blieben ein wenig mehr als 20 Prozent.

Befürchtungen, daß dieser kleine Teil an die Juden fallen könnte, verstärkten den arabischen Widerstand gegen die jüdische Einwanderung in Form von Verfolgung und Pogromen. Arabische Einwanderung wurde forciert, während die Briten mit der Veröffentlichung des Weißbuches von 1939 die jüdische Einwanderung drastisch einschränkte mit dem Ziel, die Araber zu beschwichtigen.

Nazismus

Während der dreißiger Jahre zogen sich dunkle Wolken über Europa zusammen. Gottes Uhrwerk für die Rückführung kam in Schwung, aber auch der Anti-Semitismus. Die Judenverfolgung wurde immer bösartiger.

1933 kam Hitler in Deutschland an die Macht, und zwei Jahre später erließ er die Nürnberger Rassengesetze, die den deutschen Juden alle gesetzlichen und bürgerlichen Rechte nahmen. Ihre Lage wurde immer verzweifelter. Sie wurden schikaniert, ausgeplündert und umgebracht.

Im Jahre 1938 wurde eine internationale Konferenz nach Evian in Frankreich einberufen, wo die Lage der Juden diskutiert wurde. Kein Land – außer den Niederlanden, Dänemark und der Dominikanischen Republik – war bereit, die Türen für deutsche Juden zu öffnen. Obwohl man ihre Situation kannte, war sonst *kein Land* bereit, auch nur die geringsten Anstalten zu machen, um etwas zu ändern.

Stattdessen drehten sie alle den Juden den Rücken zu, schauten weg und überließen sie einem tragischen Schicksal. Hitler hatte das stille Einverständnis der Welt erhalten. Niemand wollte irgend etwas mit Juden zu tun haben. Jetzt hatte er freie Hand, ohne jede Rücksicht seinen mörderischen Haß auf sie loszulassen. Im Laufe des Zweiten Weltkriegs wurde das wahre Gesicht des Nazismus immer deutlicher erkennbar.

1942 wurde auf der sogenannten Wannsee-Konferenz in Berlin über die „Endlösung der Judenfrage" entschieden. Im Klartext hieß das: völlige Handlungsfreiheit für die totale Ausrottung aller europäischen Juden.

Nach und nach bekam der Holocaust Priorität, sogar vor den eigentlichen Kriegshandlungen. Je länger der Krieg dauerte (und lange nachdem sich das Blatt gewendet hatte), desto fieberhafter arbeiteten die Nazis daran, Juden zusammenzutreiben, sie in Konzentrationslagern wie Auschwitz, Sobibor und Dachau einzupferchen und zu ermorden. Dieser Massenmord an sechs Millionen Juden ist unbestreitbar die schlimmste Greueltat der Weltgeschichte.

Es gibt keine Worte, die diese Leiden beschreiben könnten, und es ist unmöglich, sich dies Elend und all seine Folgen vorzustellen. Es sind die abscheulichsten Verbrechen. Es ist unfaßbar, daß sie von einem Volk begangen wurden, das man einmal für die kulturelle Elite Europas gehalten hatte – und daß Christen die Täter waren, ist eine Schande, für die mir die Worte fehlen.

Der bekannte Nazijäger Simon Wiesenthal, hat beschrieben, wie er vor den Kugeln eines Hinrichtungskommandos gerettet wurde. Als er angetreten war und auf seine Exekution wartete und andere Juden neben ihm starben, hörten die Soldaten plötzlich auf zu schießen. Sie hatten Kirchenglocken gehört und unterbrachen das Töten für eine Vesperpause.

Wie kann ein Jude, der so etwas durchgemacht hat, je wieder einem Christen vertrauen? Noch dazu angesichts der Tatsache, daß die christliche Kirche, christliche Theologen und christliche Länder führend auf dem Gebiet des Anti-Semitismus gewesen sind.

Anti-Semitismus nach 1945

Der Krieg ging schließlich zu Ende, die Konzentrationslager wurden geöffnet und die Überlebenden wankten heraus, Zeugen von Taten, die grausamer waren, als sich jemand hätte vorstellen können, so grausam, daß es kaum jemand ertragen konnte, sie überhaupt anzuhören. Auf jeden Fall wurden die Greueltaten sorgfältig dokumentiert, so daß kommende Generationen nicht vergessen werden.

Traurig, daß das einige Anti-Semiten – sogenannte Historiker – nicht von dem Versuch abhalten konnte, den Holocaust zu leugnen und die Geschichte umzuschreiben. Im Frühjahr 1992 wurde einer dieser Revisionisten namens Robert Faurisson von dem Moslem Ahmed Rami von Radio Islam*) nach Schweden eingeladen, um so seine gehässigen Lügen zu verbreiten.

Als der ganzen Welt die Greueltaten des Holocausts bewußt wurden, war damit die Grundlage für die Schaffung eines jüdischen Staates in Palästina gegeben. Die Überlebenden des Holocaust wollten in ihr angestammtes Heimatland. Die Juden, die schon vorher eingewandert waren und während des Zweiten Weltkriegs im Mandatsgebiet Palästina gelebt hatten, arbeiteten intensiv auf dieses Ziel hin. Sie wollten ihre jüdischen Brüder nach Hause holen und die Welt von der Notwendigkeit einer jüdischen nationalen Heimstätte überzeugen – so wie sie in der Balfour-Erklärung zugesagt war.

Und nun geschah Merkwürdiges: Viele jener Juden, die aus den Konzentrationslagern befreit worden waren, stießen auf starken Widerstand, besonders in Polen. Dort gab es anti-semitische Pogrome, bei denen viele Juden umgebracht wurden – *und das nach dem Krieg!*

Großbritannien, das Deutschland besiegt hatte, beugte sich dem Druck der Araber und des arabischen Anti-Semitismus.

*) *Moslemischer Sender in Schweden*

Das Doppelspiel und der Niedergang Großbritanniens

Die Briten hatten einen religiösen Führer für die Moslems in Palästina ernannt: den Groß-Mufti Haj Amin el-Husseini, einen fanatischen Judenhasser, der Hetzpropaganda gegen sie machte. Während des Krieges hatte er eindeutig Position für den Nazismus bezogen und einige Jahre in Berlin gelebt. Er wurde ein Freund von Hitler, Himmler und Eichmann, besuchte Konzentrationslager und rechnete mit der Hilfe der Nazis, um alle Juden in Palästina umzubringen.

Wie wir wissen, hat Deutschland den Krieg verloren, aber Großbritannien hat sich nie eindeutig auf die Seite der Juden gestellt. Während des Krieges hätte man die Konzentrationslager ganz einfach bombardieren können – aber das geschah nicht. Die Weißbücher, die die illegale Einwanderung von Juden nach Palästina verhindern sollten, hätten widerrufen werden können – aber das geschah nicht. Großbritannien hätte die Entstehung des Staates Israel fördern können – aber auch das geschah nicht.

Stattdessen stellte sich Großbritannien auf die Seite der Araber und tat alles, um die überlebenden Juden daran zu hindern, sich am Ende des Krieges in ihrem Land wieder zu sammeln. Schiffe mit Überlebenden wurden gestoppt und gezwungen beizudrehen (wie im Falle der Exodus), und den Passagieren wurde nicht erlaubt, in Palästina an Land zu gehen. Illegale Einwanderer wurden verhaftet und bestraft: Gerade aus den Konzentrationslagern in Deutschland befreit, wurden sie noch einmal in Konzentrationslager eingesperrt – diesmal in britischen auf Zypern.

Großbritannien hatte einen fatalen Fehler begangen. 1. Mose 12:3 sagt: *„Ich will segnen, die dich segnen, und verfluchen, die dich verfluchen; und in dir sollen gesegnet werden alle Geschlechter auf Erden."*

Mit seinen Aktionen brachte die Siegermacht Großbritannien einen Fluch über sich selbst. Innerhalb weniger Jahre sollte es seinen Status als Sieger, seine Herrlichkeit, sein Weltreich und seine Wirtschaftskraft verlieren und sich stattdessen darstellen als ein Land voller Schwierigkeiten und Probleme.

In seiner Nahost-Politik hatte Großbritannien sein möglichstes getan, um das Entstehen eines jüdischen Staates zu vereiteln, doch nicht einmal dieses Ziel wurde erreicht. Am 29. November 1947 stimmten die gerade formierten Vereinten Nationen in der Vollversammlung dafür, daß das Mandatsgebiet Palästina – von Großbritannien aufgegeben – zweigeteilt werden sollte: in einen jüdischen und in einen arabischen Staat. Die Abstimmung ergab 33 Ja- und 13 Nein-Stimmen bei 10 Enthaltungen. Die Juden jubelten, die Araber waren wütend; Großbritannien stimmte mit Nein.

Endlich ein eigenes Land!

Am 14. Mai 1948 proklamierte Premierminister David Ben Gurion offiziell einen jüdischen Staat mit dem Namen Israel. Nach fast 2000 Jahren waren die Juden jetzt wieder zu Hause, genau wie Gott es versprochen hatte!

Und ich will euch holen, einen aus einer Stadt und zwei aus einem Geschlecht, und will euch bringen nach Zion. (Jer 3:14)

Als die Überlebenden des Holocaust in ihrem neugeborenen Israel ankamen, war es genau dies, was sie vorfanden: ein oder zwei Überlebende aus jeder Stadt oder jedem Dorf mit Wurzeln in jedem Stamm. In vielen Städten war die ganze jüdische Bevölkerung ausgerottet worden. Wo es zuvor Leben gegeben hatte und geschäftige jüdische Aktivität, war niemand mehr übriggeblieben. Die wenigen Juden, die den Holocaust überlebt hatten, wußten, die einzig wirkliche Sicherheit konnte nur ein eigenes Land sein.

Hätten sie Israel bereits direkt nach dem Ersten Weltkrieg besessen, dann hätten sie ein eigenes Land gehabt, einen Zufluchtsort vor dem nationalsozialistischen Anti-Semitismus. Doch es gab zu der Zeit noch kein Israel, und kein Land war bereit, ihnen Hilfe anzubieten. Gefragt, ob sein Land die Grenzen öffnen und Juden aufnehmen könnte, sagte der Premierminister von Kanada: „Ein Jude in Kanada ist einer zuviel."

Der Islam bläst zum Angriff

Gegen alle Widerstände war ein eigener Staat schließlich Realität geworden, doch sofort nach der Unabhängigkeitserklärung wurde Israel in einen Krieg gezwungen. Im Zweiten Weltkrieg hatten jüdische Siedler aus dem Palästina-Mandatsgebiet in der britischen Armee gekämpft. Jetzt wurden die ehemaligen Soldaten und Häftlinge aus den Konzentrationslagern in den Kampf gegen die britische Armee geschickt.

In den arabischen Staaten rings um Israel lebten um die vierzig Millionen Menschen, und keiner von ihnen wollte ein nicht-moslemisches Land als Nachbarn. Parolen wie „Tod den Juden" und „Werft sie ins Meer" ertönten, und sofort nach seiner Entstehung wurde der junge Staat angegriffen. Jahrhundertealter Anti-Semitismus zeigte sich mit einem neuen Gesicht – als moslemischer Anti-Semitismus und als Anti-Zionismus. Es war ein Wunder, daß der junge Staat Israel überlebte. Politiker in aller Welt hatten ihn bereits für tot erklärt und ihm keinerlei Chancen gegeben. Theologen aller Ausrichtungen verkündigten, das moderne Israel habe nichts zu tun mit dem antiken Israel. Die Ersetzungs-Theologie trainierte ihre Anschauungen über den winzigen jüdischen Staat. Die katholische Kirche weigerte sich, den jungen Staat wahrzunehmen – der Vatikan hat über lange Jahre Israel nicht anerkannt, weil er sich selbst als das neue Israel ansah und das Territorium des neugegründeten Landes für sich beanspruchte.

Aber Gott hatte andere Gedanken. Er erkannte Israel an. Er versammelte das Volk und er gab ihm auf wunderbare Weise sein Land.

Ehe sie Wehen bekommt, hat sie geboren; ehe sie in Kindsnöte kommt, ist sie eines Knaben genesen. Wer hat solches je gehört? Wer hat solches je gesehen? Ward ein Land an einem Tage geboren? Ist ein Volk auf einmal zur Welt gekommen? Kaum in Wehen, hat Zion schon ihre Kinder geboren. (Jes 66:7–8)

Das Land wurde an einem einzigen Tag geboren! Viele sagten voraus, es würde innerhalb von Wochen von den Arabern überrannt werden. Wie könnte es gegenüber einer solchen Übermacht bestehen? Aber es hielt stand, die Araber wurden besiegt. Die Juden waren in ihr Land zurückgekehrt, um es nie wieder zu verlassen.

Denn ich will sie in ihr Land pflanzen, daß sie nicht mehr aus ihrem Land ausgerottet werden, das ich ihnen gegeben habe, spricht der Herr, dein Gott. (Amos 9:15)

Als sie zurückkehrten, war es für immer, und um nie wieder entwurzelt zu werden. Und der eigentliche Grund, weshalb es den Arabern trotz ihrer enormen zahlenmäßigen Überlegenheit nie gelingen wird, die Juden ins Meer zu treiben: Sie kämpfen nämlich gegen Gott selbst, und wer gegen Gott kämpft, wird immer verlieren!

Durchs Feuer

Der Proklamation des jüdischen Staates folgte eine Einwanderungswelle nach der anderen, und Krieg folgte auf Krieg: der Unabhängigkeitskrieg, die Suez-Krise, der Sechstagekrieg, der Jom-Kippur-Krieg, der Libanon-Krieg und in jüngster Vergangenheit der Golf-Krieg. Nicht einer von Israels Nachbarn war zum Frieden bereit, nur zur Unterbrechung der Feindseligkeiten, gefolgt von neuen Aggressionsakten. Trotzdem sind die Juden aus aller Welt in ihr Heimatland zurückgekommen.

Und nun spricht der Herr, der dich geschaffen hat, Jakob, und dich gemacht hat, Israel: Fürchte dich nicht, denn ich habe dich erlöst; ich habe dich bei deinem Namen gerufen; du bist mein! Wenn du durch Wasser gehst, will ich bei dir sein, daß dich die Ströme nicht ersäufen sollen; und wenn du ins Feuer gehst, sollst du nicht brennen, und die Flamme soll dich nicht versengen. Denn ich bin der Herr, dein Gott, der Heilige Israels, dein Heiland. Ich habe Ägypten für dich als Lösegeld gegeben, Kusch und Seba an deiner Statt, weil du in meinen Augen so wertgeachtet und auch herrlich bist und weil ich dich liebhabe. Ich gebe Menschen an deiner Statt und Völker für dein Leben. So fürchte dich nun nicht, denn ich bin bei dir. Ich will vom Osten deine Kinder bringen und dich vom Westen her sammeln, ich will sagen zum Norden: Gib her! und zum Süden: Halte nicht zurück! Bring her meine Söhne von ferne und meine Töchter vom Ende der Erde, alle, die mit meinem Namen genannt sind, die ich zu meiner Ehre geschaffen und zubereitet und gemacht habe. (Jes 43:1–7)

Die Einwanderer kamen aus dem Osten: aus dem Iran und Irak. Beispiellose Operationen wurden durchgeführt und retteten Zehntausende von Juden aus den feindlichen arabischen Staaten. So kamen sie aus dem Westen: aus den USA, Großbritannien, Frankreich und Deutschland. Dazu Immigranten aus dem Süden: aus

Südafrika, dem Jemen und Äthiopien. Und sie kamen aus dem Norden: aus der Sowjetunion – wenn auch nicht so viele. Es gab Millionen von Juden in der Sowjetunion, aber sie konnten das Land nicht verlassen. So macht es Sinn, wenn der Herr in Jesaja 43:6 sagt: *„Norden, gib heraus!"*

Gott hat es in die Herzen vieler gelegt, zu beten, daß die russischen Juden herauskommen. Er schickte Delegation auf Delegation in die Sowjetunion, damit sie beten und die Machthaber um die Öffnung der Grenzen bitten sollten. Aber der atheistische Kommunismus sträubte sich mit Händen und Füßen gegen die Erfüllung von Gottes prophetischen Verheißungen.

Genau deshalb schlägt die Schrift diesen Befehlston an, wenn sie fordert: *„Gib sie heraus!"* Nichts kann dem Befehl Gottes widerstehen. Glasnost und Perestroika hatten ihren Auftritt. In Deutschland fiel die Berliner Mauer, und das gesamte kommunistische System brach zusammen. Türen in die Sowjetunion wurden aus zwei Gründen weit aufgestoßen: Das Evangelium sollte hinein- und die Juden herauskommen!

Darum siehe, es kommt die Zeit, spricht der Herr, daß man nicht mehr sagen wird: „So wahr der Herr lebt, der die Israeliten aus Ägyptenland geführt hat", sondern: „So wahr der Herr lebt, der die Israeliten geführt hat aus dem Lande des Nordens und aus allen Ländern, wohin er sie verstoßen hatte." Denn ich will sie zurückbringen in das Land, das ich ihren Vätern gegeben habe. (Jer 16:14–15)

Heraus aus dem Norden

Der Herr weist hier auf einen neuen Exodus hin, weit größer als der Auszug aus Ägypten, der sicherlich das großartigste Wunder des Alten Testaments war; ihm kommt ein besonderer Platz unter all den Festen der Juden zu, sie feiern ihn mit jedem Passah (Ostern). Aber jetzt sagt der Herr, daß etwas anderes geschehen und jenes mächtige Wunder völlig in den Schatten stellen wird.

Ein neuer Exodus aus einer anderen Richtung wird stattfinden: aus dem Norden. Der Norden von Israel ist etwas anderes als der Norden von Rom, als der Norden von New York oder der Norden von Stockholm. Der Norden von Israel ist der Norden von Jerusalem, und in direkter nördlicher Richtung von Jerusalem liegt Moskau. Der Norden und der ferne Norden heißen heute Rußland.

Seit dem Fall der Sowjetunion sind Tausende von russischen Juden nach Israel zurückgekehrt. So gewaltig und unvorstellbar das auch ist, es ist noch längst nicht das, worüber Jeremia 16:14–15 spricht. Darin spricht der Herr von einem größeren und dramatischeren Auszug als dem aus Ägypten. Er hat noch nicht stattgefunden, aber er wird es mit aller Gewißheit.

Die Situation in Rußland und anderen früheren Sowjetrepubliken wird sich so entwickeln, daß solch ein dramatischer Exodus der Juden stattfinden wird. Die politische Lage ist instabil, sie ändert sich ständig. Die finanzielle Lage ist katastrophal. Unter solchen Umständen suchen die Leute nach einem Sündenbock, die Juden mußten schon oft dafür herhalten.

Die orthodoxe Kirche hat die Tradition des Anti-Semitismus in Rußland erhalten. In ihren Hinterköpfen haben die Menschen alte Vorurteile gegen die Juden. Der kommunistische Anti-Semitismus, der sich extrem in der Stalin-Ära äußerte, hat Wurzeln, die bis weit in die Zarenzeit zurückreichen. Neue nationalistische religiöse Gruppen, wie etwa *Pamjat*, sind ausgesprochene Judenhasser.

Deshalb ist es immens wichtig, für eine echte Erweckung in Rußland zu beten. Rußland braucht eine Erweckung, die den echten biblischen Glauben auf der Grundlage des Evangeliums neu erstehen läßt – statt unsinniger religiöser Bilder, statt Aberglauben, unaufgeklärten und vorgefertigten Ideen.

In Rußland, genauso wie in jedem anderen Land, muß man vor dem Wiederaufleben des Anti-Semitismus warnen. Ich hatte bei verschiedenen Gelegenheiten das Privileg, zu Tausenden von Russen zu predigen, und ich habe ernste Warnungen vor dem Anti-Semitismus ausgesprochen. Ich habe junge Gemeinden ermutigt, stattdessen Israel zu segnen und Juden bei der Rückkehr in ihr Land zu helfen.

Es ist gut zu wissen, daß der Exodus kommen wird, aber ebenso wichtig ist es, sich ganz praktisch darauf vorzubereiten, so daß die Menschen Rußland verlassen können, wenn die Zeit gekommen ist.

Wenn Menschen die Authentizität der Bibel und ihre Bedeutung für die gegenwärtige Wirklichkeit anzweifeln, dann meistens deshalb, weil sie sich zu sehr auf die augenblicklichen politischen Situationen konzentrieren. Doch diese ändern sich täglich, enorm schnell. Wer hat vor wenigen Jahren den Kollaps der Sowjetunion vorausgesehen, den Fall der Berliner Mauer oder die Wiedervereinigung Deutschlands? Aber heute sind das Tatsachen.

Gelobet sei der Name Gottes von Ewigkeit zu Ewigkeit, denn ihm gehören Weisheit und Stärke! Er ändert Zeit und Stunde; er setzt Könige ab und setzt Könige ein; er gibt den Weisen ihre Weisheit und den Verständigen ihren Verstand… (Dan 2:20–21)

Geistliche Blindheit

Ein anderer Grund für Zweifel im Leben von Gläubigen ist, daß sich viele von einer gnostisch inspirierten Philosophie vereinnahmen lassen, die ihnen weismachen will, daß Gott nicht in die Geschichte eingreift. Aber das ist nicht das, was die Bibel lehrt. Der Gott Israels, der Gott Abrahams, Isaaks und Jakobs ist der Gott der Geschichte. Er bricht in die Geschichte ein, und er schreibt Geschichte. Er verändert Geschichte, und durch seine Propheten sagt er Geschichte voraus. Christliche Glaubensgemeinschaften, die sowohl die Authentizität der Bibel als auch Glaubensgrundsätze leugnen, bekämpfen heute zweierlei: Erweckung unter den Christen – und Israel.

Dazu kommt, daß solche Politiker, die biblische Offenbarung nicht wahrhaben wollen, die extremsten Anti-Semiten und Anti-Zionisten sind. Sie werfen den Schlüssel zum Verständnis der Geschichte, ihrer Richtung, ihres Ablaufs und ihres Ziels weg, wenn sie die Wahrheit ignorieren. Deshalb sind sie so verblüfft und ratlos angesichts der Nahost-Probleme.

Aus dem gleichen Grund sind sie auch regelmäßig wegen Israel frustriert und voreingenommen gegen Israel, und sie haben sich oft genug auf die falsche Seite geschlagen. Wieviele Politiker haben sich nicht schon dem arabischen Druck, Öl-Boykotts, Handels-Embargos und sogar Terrorismus gebeugt, vielleicht im guten Glauben, damit der Sache des Friedens zu dienen? In Wirklichkeit haben sie noch mehr Schwierigkeiten heraufbeschworen, wenn sie auf Situationen hereinfielen, in denen sie sich gegen Gott, seine Segnungen und Pläne stellten.

Das jüngste Beispiel dafür sind die USA. Einst ein zuverlässiger Freund Israels, haben sie dem arabischen Druck und anderen kurzsichtigen Interessen nachgegeben und sich immer mehr von

Israel distanziert. Der eigentliche Wendepunkt kam mit der Amtsübernahme durch Präsident Bush. Wenn die USA diesen Kurs beibehalten und Israel unter Druck setzen, Land aufzugeben – nicht nur das nach dem Sechstagekrieg besetzte –, wird die Welt Zeuge sein für den Niedergang und den Fall der Vereinigten Staaten, genauso wie sie Zeuge war für den Fall jeder anderen Weltmacht, die Israel entweder im Stich gelassen oder sich gegen Israel gewendet hat.

Das Heil Israels ist nicht abhängig vom Segen der USA, sondern vom Segen Gottes. Es ist also genau andersherum: das Heil der USA hängt davon ab, ob sie Israel segnen.

5

Moslemischer Anti-Semitismus

Durch seine ganze Geschichte hindurch hat das jüdische Volk Haß und Verfolgung erlitten – es gibt nichts Vergleichbares. Jemandem ohne geistliches Verständnis mag dies recht mysteriös vorkommen. Wie kann ein einzelnes Volk für so vieles verantwortlich gemacht werden?

Man wirft den Juden Kapitalismus vor, man wirft ihnen Kommunismus vor. Man klagt sie an, sie seien subversiv und unterwanderten andere Völker, dann wiederum beklagt man, daß sie sich zu sehr absonderten. In jeder Situation tauchen die Anschuldigungen auf, nur um auf den neusten Stand gebracht zu werden – doch immer mit demselben Ergebnis: Die Juden sind der Sündenbock.

Nach dem Zweiten Weltkrieg, als der Staat Israel geboren war, geschah eine entscheidende Veränderung: Die Nazis waren besiegt, und die uralte Hoffnung der Juden auf Rückkehr in ihr Heimatland war jetzt greifbare Realität geworden. Nach fast zweitausend Jahren Verbannung und Zerstreuung konnte das Volk wieder nach Hause zurückkehren. Unglücklicherweise sollte das nicht so ganz einfach werden.

Die jüdische Einwanderung nahm zu, aber auch die arabische Gegnerschaft. Die arabischen Nationen ringsum – ebenso junge Staaten – waren vom pan-arabischen Gedanken beflügelt, d. h. ihrer Meinung nach sollte der gesamte Nahe Osten eine einzige große arabische Nation werden. Es war undenkbar, mittendrin einen jüdischen Staat zu haben. Deshalb stimmten 1947 alle Araber gegen den Plan der Vereinten Nationen, das frühere britische Mandatsgebiet zu teilen. Die Juden akzeptierten den UN-Kompromiß – wenn auch widerwillig. So entstanden aus dem ehemaligen britischen Mandatsgebiet ein jüdischer und ein arabischer Staat, obwohl durch die Balfour-Erklärung von Anfang an das gesamte Gebiet den Juden zugesprochen worden war.

Die Araber lehnten diesen Vorschlag rundweg ab. Und so starteten sie sofort nach der Unabhängigkeitserklärung Israels im Jahre 1948 eine Offensive, um den neugeborenen Staat zu vernichten. Seitdem hat es nie Frieden gegeben, nur Waffenstillstand.

Die einzige Ausnahme war Ägypten*), das 1973 nach dem Jom-Kippur-Krieg mit Israel einen Separatfrieden schloß und darauf sofort durch die arabische Gemeinschaft geächtet wurde.

Von Anfang an hat es zahlreiche Grenzverletzungen, Terror-Angriffe und Sabotageakte gegen Israel gegeben. Dazu kommen endlose Öl-Boykotts und Handels-Embargos. Staaten, die mit Israel Handel treiben, werden unter Druck gesetzt. Verleumdung, Hetzpropaganda, internationale Isolation, unaufhörliche Vorbereitung auf neue Kriege sind nur einige der Waffen, die gegen die Juden eingesetzt wurden – ganz abgesehen von den „richtigen" Kriegen, die seit der Unabhängigkeit geführt wurden.

**) 1994 folgte der Friedensvertrag mit Jordanien*

Betrachter von außen müßten sich selbst die Frage stellen: „Warum all diese Abneigung und weshalb dieser Haß auf Israel?" Die Antwort ist, daß der Anti-Semitismus mit seinem jahrhundertealten Haß und seinen Vorurteilen, die früher gegen die jüdische Diaspora gerichtet waren, jetzt seine Aufmerksamkeit auf den Staat Israel selbst konzentriert.

Anti-Semitismus – eine dämonische Macht!

Der heutige Anti-Semitismus versteckt sich hinter einem neuen Namen: Anti-Zionismus. Heutzutage kann man Leute sagen hören: „Ich bin nicht anti-semitisch – ich bin lediglich anti-zionistisch!" Doch was heißt das? Es heißt: „O.k., laßt die Juden existieren, wenn es sein muß, solange sie nicht an ihrer Identität festhalten, an ihrer Geschichte, an ihrem Heimatland."

Wenn aber Israel einen Teil – oder schlimmer noch – sein ganzes altes Heimatland beansprucht, wird es aufs übelste beschimpft. Juden werden hingestellt als Neonazis oder als „Fünfte Kolonne" (Filmtitel: gemeint sind Unterwanderer, subversive Elemente). Doch warum, was steckt hinter all dem? Wessen Zielen dient das?

Zuerst ist es wichtig, klarzustellen, daß hinter Anti-Semitismus ein mächtiger böser Geist steht, ein dämonischer Prinz, ein satanisches Fürstentum. Er zieht von Volk zu Volk und von Kultur zu Kultur. Er nimmt verschiedene Gesichter an, verfolgt aber immer dasselbe Ziel: Sabotage auf der ganzen Linie, damit die Juden ihre göttliche Rolle und Berufung nicht verwirklichen können.

Damit diese Berufung erfüllt werden kann, muß das Volk existieren, muß das Land da sein, muß Gott da sein! Alle drei sind notwendig, weil das Volk in seinem Land seinen Auftrag ausführen soll, den Auftrag, Gott zu dienen. Wenn das Volk nicht mehr da ist oder das Land oder der Glaube an Gott – dann ist auch die

Berufung verloren und damit auch der Segen für die übrige Menschheit. Das ist der Grund dafür, weshalb der Feind seine Angriffe auf diese drei Bereiche konzentriert.

Diese dämonische Macht wird in Daniel 10:12–21 und in Kapitel 11:1 beschrieben:

Und er sprach zu mir: Fürchte dich nicht, Daniel; denn von dem ersten Tage an, als du von Herzen begehrtest zu verstehen und anfingst, dich zu demütigen vor deinem Gott, wurden deine Worte erhört, und ich wollte kommen um deiner Worte willen.
Aber der Engelfürst des Königreichs Persien hat mir einundzwanzig Tage widerstanden; und siehe, Michael, einer der Ersten unter den Engelfürsten, kam mir zu Hilfe, und ihm überließ ich den Kampf mit dem Engelfürsten des Königreichs Persien.
Nun aber komme ich, um dir Bericht zu geben, wie es deinem Volk gehen wird am Ende der Tage; denn das Gesicht geht auf ferne Zeit.
Und als er das alles mit mir redete, neigte ich mein Angesicht zur Erde und schwieg still.
Und siehe, einer, der einem Menschen gleich war, rührte meine Lippen an. Da tat ich meinen Mund auf und redete und sprach zu dem, der vor mir stand: Mein Herr, meine Glieder bebten, als ich das Gesicht hatte, und es war keine Kraft mehr in mir.
Wie kann der Knecht meines Herrn mit meinem Herrn reden, da auch jetzt noch keine Kraft in mir ist und mir der Atem fehlt?
Da rührte mich abermals der an, der aussah wie ein Mensch, und stärkte mich und sprach: Fürchte dich nicht, du von Gott Geliebter! Friede sei mit dir! Sei getrost, sei getrost! Und als er mit mir redete, ermannte ich mich und sprach: Mein Herr, rede; denn du hast mich gestärkt.
Und er sprach: Weißt du, warum ich zu dir gekommen bin? Und jetzt muß ich wieder hin und mit dem Engelfürsten von Persien kämpfen; und wenn ich das hinter mich gebracht habe, siehe, dann wird der Engelfürst von Griechenland kommen.
Doch zuvor will ich dir kundtun, was geschrieben ist im Buch der Wahrheit. – Und es ist keiner, der mir hilft gegen jene, außer eurem Engelfürsten Michael. Und ich stand auch bei ihm im ersten Jahr des Darius des Meders, um ihm zu helfen und ihn zu stärken.

Der Nahe Osten – ein geistliches Problem

Wie im Buch Daniel zu lesen ist, leisteten geistige Mächte oder Fürstentümer dem Engel Gabriel Widerstand, als er Daniel während seines Gebetes Gottes Antwort überbrachte. Er betete, daß das Volk frei sein und in sein Land zurückkehren könnte. Dieselben geistigen Mächte sind heute aktiv, um das jüdische Volk an seiner Heimkehr zu hindern, weil es dort – in Israel – seine Berufung erfüllen wird.

Die Juden und Israel mögen aus humanitären Gründen unterstützt werden, doch diese Art von Sympathie ist zu oberflächlich, sie geht nicht tief genug. Man kann dies Volk nicht von Gott und nicht von seinem Land getrennt sehen.

Wenn Politiker Israel gegenüber guten Willen zeigen, gleichzeitig aber fordern, die sogenannte West Bank (Judäa und Samaria) und Ost-Jerusalem aufzugeben, dann zeigt das ganz einfach, daß sie das Problem überhaupt nicht verstehen.

Die Juden sind das Volk des Buches, das Volk der Bibel. Israel ist das Land der Bibel, *das verheißene Land.* Wenn man diese Koordinaten, diese Bezugspunkte nicht kennt oder außer acht läßt, dann sind die Probleme des Nahen Ostens nicht zu begreifen.

Genau diese Unkenntnis verleitet dazu, die Israelis anzuklagen, sie seien stur, undiplomatisch, starrköpfig und eben ganz anders als andere Völker, weil sie nicht freiwillig ihr Land aufgeben wollen oder nicht zu Kompromissen bereit sind. Doch warum sollten sie? Sie würden damit ihre wahre Berufung verleugnen! Abgesehen davon hätten sie außerhalb ihres Landes erst recht keine Sicherheit und keinen wirklichen Schutz.

Der Haß des Islam gegen Israel

Israel ist eine Insel, umgeben von einem Meer arabischer Völker, und jeder arabische Staat steht ihm feindlich gegenüber. Das Friedensabkommen mit Ägypten ist zerbrechlich, es hat immer wieder Grenzzwischenfälle gegeben. Aber: Geht es hier einfach nur um territoriale oder ethnische Probleme? Nein, so einfach ist das nicht. Hinter der arabischen Feindschaft steht eine Religion: der Islam.

Jedes Jahr haben die Moslems einen Fastenmonat, den Ramadan, der im Iran und überall auf der Welt damit endet, daß am letzten Tag Verwünschungen und Flüche gegen Israel ausgesprochen werden. Moslems in aller Welt werden darauf eingeschworen, werden mit unglaublichen Vorurteilen indoktriniert, werden zu einem unversöhnlichen Haß gegen Israel aufgehetzt. Der im Lauf der Zeit abgenutzte Anti-Semitismus hat jetzt ein neues Gesicht: das Gesicht des Islam.

Um den Islam zu verstehen, muß man zurückgehen zu seinem Begründer Mohammed, der im Jahre 570 nach Christus als Angehöriger des Koraisch-Stammes in Mekka geboren wurde. Er verlor seine Eltern, als er noch sehr jung war, und wurde deshalb von seinem Onkel aufgezogen. In seiner Jugend hatte Mohammed Kontakt mit Juden und verschiedenen christlichen Gruppen.

Im Jahre 610 erschien Mohammed ein Engel mit Namen Dschibrib und zeigte ihm einen Gott namens Allah. Nach dieser Berufung im Alter von 40 Jahren begann Mohammed seinen Glauben an Allah zu predigen, einen der vielen Wüstengötter, die man zu jener Zeit verehrte. – Allah war der Schakal-Gott.

Mohammed erhob diesen Wüstengott zum einzigen Gott. Er ächtete die Vielgötterei und befahl, allein Allah zu verehren; sich selbst sah er als dessen letzten Propheten. Seiner Auffassung nach war Allah derselbe wie der Gott der Juden und der Christen. Aber mit der Zeit wurde zunehmend klarer, daß dies eben nicht der Fall ist.

Mohammed hat seine Offenbarungen, die er bei Besuchen von Engeln erhielt, im Koran aufgeschrieben. Inhaltlich unterscheidet er sich völlig von der Bibel, viele Stellen stehen in völligem Widerspruch zu ihr.

Kurz zusammengefaßt: Der Islam: ist eine Anti-Religion, eine Gegen-Religion, geschrieben gegen das Juden- und das Christentum; er hat mit der jüdisch-christlichen Offenbarung keine Gemeinsamkeit. Das Wesen des Gottes der Bibel hat keine Ähnlichkeit mit Allah, dem Gott des Islams. Allah ist auf keinen Fall derselbe Gott.

Gott gab Israel die Offenbarung seiner selbst

Als Gott den Menschen schuf, legte er Ewigkeit in sein Herz. *„Er hat alles schön gemacht zu seiner Zeit, auch hat er die Ewigkeit in ihr Herz gelegt..."* (Pred 3:11)

Als der Mensch sündigte und versagte, trübte sich sein Verhältnis zu Gott. Er war allerdings immer noch in der Lage, die Existenz Gottes zu erkennen, auf zweierlei Weise: durch die Natur und durch sein Gewissen (s. Röm 1:19–20 und 2:14–15).

Wenn ein Mensch sein Gewissen vergewaltigt, wird es finster in seiner Seele. Röm 1:21 sagt uns: *„Denn obwohl sie von Gott wußten, haben sie ihn nicht als Gott gepriesen noch ihm gedankt, sondern sind dem Nichtigen verfallen in ihren Gedanken, und ihr unverständiges Herz ist verfinstert."* Das Ergebnis dieser Verfinsterung des Sinnes, so sagt es die Bibel, ist, daß man sich Götzen verschafft und sie anstelle des einen wahren Gottes verehrt (s. Röm 1:22–25).

Hinter diesen Götzen und ihrer Verehrung stehen dämonische Mächte: *„Nein, sondern was man da opfert, das opfert man den bösen Geistern und nicht Gott. Nun will ich nicht, daß ihr in der Gemeinschaft der bösen Geister seid."* (1. Kor 10:20) Und: *„Sie haben den bösen Geistern geopfert und nicht ihrem Gott, den Göttern, die sie nicht kannten, den neuen, die vor kurzem erst aufgekommen sind, die eure Väter nicht geehrt haben."* (5. Ms 32:17)

Die Bibel beschreibt, wie Sünde und Ungehorsam den Menschen dazu gebracht haben, sich selbst falsche Götter zu schaffen, um seine angeborene religiöse Sehnsucht zu befriedigen. Er versucht, das Unbekannte, das Unbestimmte, alles Furchterregende um ihn herum, vor allem aber die Bedrohung durch den Tod zu beschwichtigen, zu relativieren. Die Bibel verweist auf das Verlangen des Menschen nach Gott, das tief in seinem Bewußtsein verwurzelt ist.

Gott wurde aktiv und offenbarte sich selbst dem Menschen, und zwar dem Volk Israel, dem er zeigte, wer er ist, was er will und wie die Menschen zu ihm kommen können. Gott suchte sich dies Volk Israel aus, weil er es so wollte!

Diese Offenbarung ist gewissenhaft und äußerst zuverlässig in der Bibel niedergeschrieben, für die ganze Menschheit und für alle Zeiten. Niemand kann sich Gott ohne diese Offenbarung nähern.

Gottes Liebe zeigt sich darin, daß er sich der Menschheit zu erkennen geben will – und das auch tut. Diese Offenbarung gab er den Kindern Israels, die sie aufbewahren, verwalten und weitergeben sollten.

In Römer 9:4 sagt Paulus über das jüdische Volk: „*... die Israeliten sind, denen die Kindschaft gehört und die Herrlichkeit und der Bund und das Gesetz und der Gottesdienst und die Verheißungen...*" Mit anderen Worten: Die Offenbarung Gottes war für sie.

Der Koran sagt nicht die Wahrheit

Wenn jemand Gottes Offenbarung nicht kennt oder nicht wahrhaben will, dann wird es dunkel in seiner Seele, und er beginnt, sich seine eigenen Götter zu schaffen. Er wird infiziert von sinnlosen, überheblichen Ideen und lehnt sich – wider besseres Wissen – gegen den einen wahren Gott auf (2. Kor 10:5). Er gerät unter den Einfluß religiöser Geister und Mächte, die nur ein Ziel haben: die Menschen zu verführen, falsche Götter zu verehren und anzubeten.

Wenn man den Islam genau untersucht, dann entdeckt man, daß er in Wirklichkeit eine Anti-Religion ist. Der Koran leugnet, daß Jesus Gottes Sohn ist, der Retter der Welt und der Eckstein des christlichen Glaubens. Er leugnet, daß Jesus am Kreuz gestorben ist und sagt, er sei vor der Kreuzigung in den Himmel geholt worden, und an seiner Stelle sei ein anderer am Kreuz gestorben, der ausgesehen habe wie er. Deshalb habe – dem Islam zufolge – das Blut Jesu keine Erlösungskraft oder überhaupt eine Wirkung.

Auch die Beschreibung der Geburt Jesu im Koran unterscheidet sich völlig von der des Neuen Testaments, und der Bericht über Abraham ist ebenso seltsam. Laut Koran hatte Abraham acht Söhne, die er in Mekka und nicht in Hebron aufgezogen hat; der Segen Allahs sei von Abraham auf Ismael und nicht auf Isaak übergegangen, und es sei Ismael und nicht Isaak gewesen, den Abraham opfern wollte.

Im Koran finden sich noch mehr historische Fehler, wie zum Beispiel: Moses sei von Pharaos Frau und nicht von seiner Tochter adoptiert worden; Haman sei ein Minister des Pharaos in Ägypten gewesen und nicht in Persien; die Mutter Jesu sei Miriam, die Schwester des Moses und nicht Maria usw. Mit anderen Worten: der Islam ist voller Widersprüche und Unwahrheiten.

Und warum diese Lügen? Weil Mohammed den historischen Kontext der Bibel umgeschrieben hat, damit er zu seinen eigenen Theorien und Phantasien paßt.

Es macht die Sache kaum besser, daß Moslems von heute ärgerlich werden und jedem blutige Rache androhen, der die Ungereimtheiten im Koran aufzeigt.

Wenn Repräsentanten einer Religion es nicht fertigbringen, ihre Sache vernünftig auszudiskutieren, sondern ihre Kontrahenten niederschreien und mit dem Schwert bedrohen, dann offenbart das einiges über Inhalt, Ursprung und Ziele ihrer Religion.

Darüber hinaus ist der Koran ein von Grund auf anti-semitisches Buch: Die Juden werden dargestellt als treuloses und pervertiertes Volk, das Allah verflucht usw. Der Koran behauptet, die Juden verdrehten die Schriften absichtlich und seien von Gott verworfen, weil sie den Koran nicht als heiliges Buch anerkennen. So machten sie sich selber zu Feinden Allahs.

Dschihad – Heiliger Krieg

Mohammed selbst hatte eine starke Abneigung gegen Juden, und durch ihn entstand der moslemische Anti-Semitismus. Als der Islam sich auf der arabischen Halbinsel ausbreitete, wurde der Dschihad – der heilige Krieg – ausgerufen, das heißt der Koran und die moslemische Religion sollten mit dem Schwert, mit Gewalt verbreitet werden.

Der Islam fußt auf fünf Hauptforderungen, bekannt als die „fünf Säulen”. Diese sind:

1. Glaubensbekenntnis: „Es gibt keinen Gott außer Allah, und Mohammed ist sein Prophet”
2. Gebet (fünfmal am Tag in Richtung Mekka und Kaaba)
3. Almosen geben
4. Fasten, besonders im Monat Ramadan und
5. Hadsch, eine Pilgerreise nach Mekka, die mindestens einmal im Leben gemacht werden soll

Nach dem Koran ist die Welt in zwei Häuser aufgeteilt: das Haus des Islam und das Haus des Krieges, also alle Länder und Völker, die sich dem Islam noch nicht angeschlossen haben. Die fünf Säulen des Islam sollen in diesen Ländern aufgerichtet werden, und zwar mit der Hilfe des Dschihad, des Heiligen Krieges. Somit ist der Dschihad eigentlich eine weitere, die sechste Säule des Islam.

Wo der Dschihad politisch nicht ratsam ist, soll der Islam mit anderen Mitteln vorgehen. Aber sobald es opportun ist, soll wieder Dschihad Priorität haben, denn Ziel ist die Einverleibung der ganzen Welt in das Haus des Islam. Für Mohammed war der Dschihad der Schlüssel für die rasche Verbreitung seiner Religion. Nach seinem Tod breitete sich der Islam im gesamten Mittelmeerraum und noch weiter aus.

Dabei waren Blutbäder ganz normal. Alle Völker, die nicht gleich zum Islam übertraten, wurden *dhimmi* (Ungläubige) genannt und zu Bürgern zweiter Klasse gemacht.

Man belegte sie mit hohen Steuern und machte ihnen das Leben schwer. Bei Verstößen gegen das islamische Gesetz forderte der Koran die Todesstrafe.

In Ländern unter islamischer Vorherrschaft wurden die Juden zweifellos unterdrückt, doch meistens ging es ihnen hier besser als später im christlichen Europa und während der Kreuzzüge.

Der Standpunkt des Islam war klar: Der jüdische Glauben war die falsche Religion und die Juden ein verworfenes Volk. Sie wurden zwar als das Volk des Buches akzeptiert, ihre Propheten wurden verehrt, aber sie waren und blieben Feinde, solange sie Mohammeds endgültiger Offenbarung die Anerkennung verweigerten.

Der Islam breitete sich weiter aus, weitere Länder kamen unter seine Herrschaft. Jedes eroberte Land aber, das dem Islam später verloren ging, muß mit allen verfügbaren Mitteln zurückgewonnen werden. Dies ist Pflicht für jeden Moslem. Das gilt auch für Palästina, Spanien oder die Balkanhalbinsel. Ziel des Islam ist es, in jedem eroberten Land den Koran zur Grundlage von Verfassung und Gesetz zu machen. So werden Regierung und Koran ein- und dieselbe Sache, die Entstehung einer theokratischen Diktatur wird unvermeidlich.

Hier besteht ein gewaltiger Unterschied zwischen islamischem und jüdisch-christlichem Denken. Die Bibel und die Zehn Gebote können und sollten auch ethische und moralische Grundlage für die Gesetzgebung sein, eine theokratische Diktatur wird jedoch nie angestrebt. Im Gegenteil: Die Bibel schützt demokratische Ordnungen, demokratische Freiheit und demokratische Rechte. Ihren Einfluß auf die Gesellschaft hat die Bibel erst möglich gemacht.

Die Bibel sieht nicht die Kontrolle der Gesellschaft durch religiöse Diktatoren vor, sondern fördert stattdessen Demokratie und Pluralismus.

Die Gemeinde des Neuen Testaments ist eine Organisation, die sich völlig von weltlichen Institutionen unterscheidet, weil sie auf der Treue gegenüber Jesus gegründet ist. Das oft säkulare Umfeld kennt Jesus kaum oder glaubt nicht an ihn.

Bekehrung im Sinne der Bibel ist die Umkehr eines Herzens zu Gott und der Glaube an ihn. Das Ergebnis ist ein reines und heiliges Leben. Rein äußerliche Bekehrung durch politischen Zwang oder Eroberung ist sinnlos, ohne Wert. Das eine ist der Weg des Geistes Gottes, das andere der Weg des menschlichen Fleisches.

Moslemische Diplomatie

Individualität, persönliche Verantwortung und Berechenbarkeit sind dem Islam fremd. Auch freiwillige Buße aus innerstem Herzen sind ihm wesensfremd, an ihre Stelle tritt Unterwerfung, d. h. *Islam*. Auch die Begriffe Frieden und Vergebung gibt es eigentlich nicht; Frieden wird niemals geschlossen, man unterbricht allenfalls die Feindseligkeiten, bis die Aussichten auf einen Sieg wieder günstiger sind und das Schwert für den Sieg des Islam wieder in die Hand genommen werden kann.

Außerdem ist der Begriff Wahrheit etwas völlig Fremdes. Der Moslem ist moralisch nicht verpflichtet, die Wahrheit zu sagen oder Vereinbarungen mit Ungläubigen einzuhalten. Deshalb können Friedensverträge geschlossen und nach Belieben gebrochen werden.

Dies mag erklären, weshalb Yassir Arafat der westlichen Welt gegenüber Israel anerkennt, es aber verleugnet, sobald er und seine moslemischen Freunde unter sich sind. Das ist etwas anderes, als wenn er zu Ungläubigen spricht. Wir West-Europäer sind oft so naiv, daß wir uns dadurch verwirren, täuschen und enttäuschen lassen.

Es ist eine Tatsache, daß der anti-semitische Groß-Mufti in Jerusalem, Hadsch Amin el-Husseini Yassir, ein Onkel Arafats ist. (Arafats vollständiger Name ist Abed a-Rachman Abed a-Rouf

Arafat al-Qudwah el-Husseini.) Diese Verwandtschaft ist in arabischen Kreisen allgemein bekannt, nur nicht im Westen. Und der alte Haß gegen die Juden ist auf diesem Weg weitergegeben worden und wirkt heute durch die PLO.

Der gegenwärtige Nahost-Konflikt hat seine Wurzeln nicht in Politik, ethnischen Minderheiten oder Grenzstreitigkeiten. Er ist ein geistlicher Konflikt, der unversöhnliche Geist des Islam hängt über der ganzen arabischen Welt.

Deswegen ist es natürlich demütigend für den Islam, einen jüdischen Staat als Nachbarn zu haben – um so mehr, weil die Moslems glauben, die Juden seien von Allah verworfen.

Man sollte sich aber nicht von sogenannten liberalen theologischen Islam-Experten an der Nase herumführen lassen, die immer wieder angebliche Gemeinsamkeiten zwischen dem Islam und jüdisch-christlichem Denken hervorheben. Sie wollen allzu unverdauliche Fakten herunterspielen oder ganz unter den Tisch fallen lassen, die dem westlichen Beobachter völlig fremd oder zu bizarr sind. Dennoch sind es Tatsachen.

Es ist ganz klar, daß der Islam nie ein jüdisches Heimatland in Palästina anerkennen kann und will. Deshalb spricht Arafat so abfällig von der Balfour-Erklärung. Einem arabischen Führer sagte er einmal, es sei zwar gut, daß die Berliner Mauer, eines der letzten Überbleibsel des Zweiten Weltkrieges, verschwunden sei, aber das allerletzte Überbleibsel, Israel, müsse ebenso verschwinden.

Schließlich noch: Jerusalem liegt in Israel; und Jerusalem ist nach Mekka und Medina, wo Mohammed lebte, zur drittheiligsten Stadt des Islam erklärt worden. Die Tatsache, daß Jerusalem nicht mehr geteilt ist, wird Anlaß für weitere Feindseligkeiten sein. Nach 1967 wurde Jerusalem zur ungeteilten Hauptstadt Israels erklärt.

Der Anspruch auf Jerusalem

Vor 1967, als Ost-Jerusalem noch in jordanischer Hand war, durfte kein Jude in die Nähe der Klagemauer (West-Mauer). Synagogen wurden demoliert oder in die Luft gesprengt und Juden aus ihren angestammten Vierteln in der Altstadt verbannt.

Der israelische Staat dagegen garantiert heute den Moslems den Zugang zum Tempelberg und sorgt für ihren Schutz, wenn sie in der Moschee auf dem Gelände des antiken jüdischen Tempels beten. Die Moslems allerdings erlauben es weder Juden noch Christen, dort zu beten.

Auffällig ist, daß der Koran den Namen Jerusalem im Zusammenhang mit Mohammed nicht erwähnt. Er spricht davon, daß Mohammed auf seinem Pferd nach Al Quds geflogen und von dort in den Himmel aufgestiegen sei, aber der Koran sagt nirgends, daß Al Quds und Jerusalem identisch sind. Später erst hat die moslemische Überlieferung diese Version hinzugefügt.

Jerusalem hat im Koran nie die besondere Bedeutung gehabt, die ihr später zugeschrieben wurde. Jedenfalls, je mehr die Juden dorthin zurückkehrten, desto mehr wollten auch die Moslems die Stadt für sich. Heute beansprucht die gesamte moslemische Welt Jerusalem. Leider sind westliche Politiker kaum in der Lage, diese völlig verschiedenen Religionen auseinanderzuhalten. Sie verstehen die Bedeutung Jerusalems für die Juden nicht und durchschauen auch nicht die moslemische Propaganda bei ihren Versuchen, Jerusalem wieder für sich zu vereinnahmen. Stattdessen bieten sie allzu menschliche Kompromisse an, die niemanden befriedigen. Warum? Weil die grundlegende Wahrheit in den Hintergrund geraten ist und die Konfliktsituation zu einer kulturellen Frage herunterstilisiert worden ist. Mit anderen Worten: Politiker geben sich zufrieden, wenn man das Problem umtauft in: *kulturelle Differenzen,* aber sie drücken sich davor, zwischen richtig und falsch und zwischen Wahrheit und Lüge zu unterscheiden.

Der Kommunismus hat versagt, der Islam wird auch zugrunde gehen

Wer die Wirklichkeit nicht wahrhaben will und stattdessen mit dem Etikett *Kultur* hausieren geht, bereitet den Weg für noch mehr Anti-Semitismus. Wenn jemand behauptet, alle Religionen seien gleich, ohne über die Lehren und Praktiken Bescheid zu wissen, dann kommt normalerweise folgendes dabei heraus: der Lauteste und Unverschämteste gewinnt, ganz gleich, ob seine Argumente richtig oder falsch sind.

Die Forderungen der moslemischen Seite sind unrealistisch. Einige begnügen sich mit der Forderung, die Juden müßten ihr Land verlassen, andere gehen noch weiter: sie verlangen, die Juden müßten ganz von dieser Erde verschwinden. Es gibt unendlich viele Beispiele für diesen Haß gegen die Juden, von der Leugnung des Holocaust durch Radio Islam*) bis zu moslemischen Selbstmord-Attentätern, die mit dem Messer in der einen und mit dem Koran in der anderen Hand wie Wahnsinnige völlig unbeteiligte, unschuldige Juden in Jerusalem niedermetzeln.

Immerhin, nicht alle Araber sind so fanatisch. Nicht alle Araber wollen Israel vernichten. Manche sind glücklich über die friedliche Koexistenz mit Israel, froh darüber, Seite an Seite mit den Juden leben zu können. Es ist allerdings lebensgefährlich, darüber zu reden, solange Extremisten an der Macht sind und die anderen zum Schweigen zwingen.

Ihre Waffen? Moslemischer Fanatismus! Der Islam ist eine falsche Religion, aber dieser Götze wird zugrunde gehen. Allah ist *nicht* der Gott der Bibel. Er ist *nicht* der Gott Abrahams, Isaaks und Jakobs. Er ist ein blutdürstiger, rachsüchtiger Wüstengott, hinter dem sich ein böser Geist verbirgt.

Wenn seine Macht und Herrschaft über die arabischen Völker zerbrochen ist, dann wird es eine Situation geben wie in den früheren kommunistischen Ländern: die Mauer wird fallen. Gewalt, Feindseligkeit und Vorurteile werden ausgerottet, und die Kinder Ismaels werden aufsehen zum Gott Israels, dem lebendigen Gott. Eine tiefe geistliche Erweckung ist die einzige Lösung für das Nah-Ost-Problem.

Der Segen Abrahams wurde allen Völkern gegeben, auch den arabischen. Wenn der Heilige Geist die Herzen der Menschen berührt, dann werden Herzen *beschnitten***, und der Islam mit seinem Haß, seiner Gewaltherrschaft und Brutalität wird besiegt werden. Dann und nur dann werden Blutdurst und Rache verschwinden, und es wird wirklichen Frieden im Nahen Osten geben.

**) Radio Islam ist ein lokales Radioprogramm in Schweden*
***) geistige Veränderung im biblischen Sinne*

6

Israel in der Endzeit

Als der Herr eines Tages mit Abraham sprach, sagte er ihm, seine Nachkommen würden zu einem Segen für jede Familie (jedes Volk) auf der Erde werden. Dies ist Gottes endgültiges Ziel für Israel. Die ganze Menschheit – und Israel selbst – werden den Nutzen des Segens ernten, den Gott durch Abraham Israel gegeben hat.

Während der babylonischen Gefangenschaft schien es so, als hätte Israel seine Bestimmung verloren. Das Volk war gefangen und zerstreut, das Land erobert und verwüstet worden. Jerusalem lag in Trümmern, der Tempel war zerstört. Aber dort in der Gefangenschaft in Babylon sprach der Herr zu dem Propheten Daniel und eröffnete ihm seinen vollständigen Plan für Israel und die heidnische Welt.

Das Zeitalter der Heiden

Jede in der Bibel erwähnte Nation hat irgendeine Beziehung zu Israel. Gott hat Israel ins Zentrum der Nationen gestellt, weil es Maßstab und Wegweiser durch die Geschichte hindurch sein sollte. Jedes Volk wird danach beurteilt werden, wie es Israel behandelt hat, und Gottes Pläne für jede einzelne Nation werden sich danach ausrichten.

Die Babylonische Eroberung und Gefangenschaft Israels führten in eine neue Ära – in das Zeitalter der Heiden. Von nun an sollten heidnische (nichtjüdische) Herrscher und Völker politischen Einfluß über das Volk Israel und sein Land ausüben. Für Israel sollte dies eine Zeit von Unterdrückung und Elend werden. Es sollte nicht länger seine Freiheit genießen, die ihm gemäß den Verheißungen Gottes zustand. Seine Freiheit und Wiederherstellung würden jedoch bei der Rückkehr des Messias wiederkommen.

Gott versprach David, er würde einen Sohn haben, der für immer über Israel regieren solle (2. Sam 7:11–16). Die Propheten haben viele Einzelheiten seines Lebens bekanntgemacht. Wenn er käme, würde er die messianische Friedensherrschaft bringen, und dann würde es ernst mit der Aufgabe, die Gott Israel zugedacht hat.

Während dieser Periode würde das Zeitalter der Heiden zu Ende gehen und alles würde von Gott vollkommen wiederhergestellt und an seine richtige Stelle gesetzt werden. Das Volk, das Land, seine Freiheit und die Bestimmung Israels würden in ihrer vollkommenen gottgegebenen Ordnung sein.

Gott zeigte Daniel alle diese zukünftigen Ereignisse durch prophetische Botschaften, Träume und Visionen. Die erste dieser Visionen war die Deutung eines Traumes des Königs Nebukadnezar (Dan 2). Gott sprach zu Daniel, daß der Traum die heidnischen Weltreiche betreffe, die solange Macht über die Erde haben würden, bis er selbst kommen und die Herrschaft übernehmen werde.

Wir müssen uns erinnern, daß Israel für immer mit Gott und seinen Verheißungen für sein Volk verbunden ist. Ohne Gott oder seine Verheißungen und ohne die Bündnisse oder das Land hätte das Volk keine Zukunft. Es wäre dazu verurteilt, sich zu assimilieren und für immer von der Bühne der Weltgeschichte zu verschwinden. Stattdessen hat es nach Gottes Willen seine herrliche und glanzvolle Zukunft.

Die Weltmächte von heute mögen ihren Einfluß über die ganze Erde geltend machen, aber sie haben nur eine zeitlich begrenzte Autorität, und sie werden verschwinden. Aber Israel als Nation wird bestehenbleiben und noch einmal in seine frühere Stellung erhoben werden.

Vier heidnische Weltreiche und eine immerwährende Friedensherrschaft

Daniels Auslegung von König Nebukadnezars Traum ist eine Prophetie über die Weltmächte. Sie umfaßt die Zeiten bis zur endgültigen Wiederherstellung Israels.

In dem Traum zeigte Gott dem König ein Standbild: *„Das Haupt dieses Bildes war von feinem Gold, seine Brust und seine Arme waren von Silber, sein Bauch und seine Lenden waren von Kupfer, seine Schenkel waren von Eisen, seine Füße waren teils von Eisen und teils von Ton."* (Dan 2:32–33) Die vier verschiedenen Metalle repräsentieren die vier heidnischen Weltreiche, die bis zur Machtübernahme Gottes regieren werden (Dan 2:39–40).

Dann sah Nebukadnezar, wie das Standbild von einem Stein getroffen und zerschmettert wurde, der anschließend zu einem Berg anwuchs und die Erde ausfüllte:

Das sahst du, bis ein Stein herunterkam, ohne Zutun von Menschenhänden; der traf das Bild an seinen Füßen, die von Eisen und Ton waren, und zermalmte sie.
Da wurden miteinander zermalmt Eisen, Ton, Kupfer, Silber und Gold und wurden wie Spreu auf der Sommertenne, und der Wind verwehte sie, daß man sie nirgends mehr finden konnte. Der Stein aber, der das Bild zerschlug, wurde zu einem großen Berg, so daß er die ganze Welt füllte. (Dan 2:34–35)

Dieser Stein repräsentiert ein fünftes Königreich, in dem Gott selbst die Macht hat und sein auserwähltes Volk mit ihm regiert.

Aber zur Zeit dieser Könige wird der Gott des Himmels ein Reich aufrichten, das nimmermehr zerstört wird; und sein Reich wird auf kein anderes Volk kommen. Es wird alle diese Königreiche zermalmen und zerstören; aber es selbst wird ewig bleiben... (Dan 2:44)

Einige Jahre später hatte Daniel selbst einen Traum (Dan 7). Wieder wurden die vier heidnischen Weltreiche dargestellt, doch bei dieser Gelegenheit nicht äußere Mächte und Herrlichkeit wie in Nebukadnezars Traum von dem Standbild. Diesmal wurde das innere bestialische Wesen eines jeden Reiches beschrieben:

„Das erste war wie ein Löwe und hatte Flügel wie ein Adler. Ich sah, wie ihm die Flügel genommen wurden. Und es wurde von der Erde aufgehoben und auf zwei Füße gestellt wie ein Mensch, und es wurde ihm ein menschliches Herz gegeben." (Dan 7:4)

Daran anschließend sah Daniel einen Bären mit drei Rippen zwischen seinen Zähnen: *„Und siehe, ein anderes Tier, das zweite, war gleich einem Bären und war auf der einen Seite aufgerichtet und hatte in seinem Maul zwischen seinen Zähnen drei Rippen. Und man sprach zu ihm: Steh auf und friß viel Fleisch!"* (Dan 7:5)

Drittens sah er einen Leoparden mit vier Köpfen: „*Danach sah ich, und siehe, ein anderes Tier, gleich einem Panther, das hatte vier Flügel wie ein Vogel auf seinem Rücken, und das Tier hatte vier Köpfe, und ihm wurde große Macht gegeben.*" (Dan 7:6)

Schließlich heißt es: „*Danach sah ich in diesem Gesicht in der Nacht, und siehe, ein viertes Tier war furchtbar und schrecklich und sehr stark und hatte große eiserne Zähne, fraß um sich und zermalmte, und was übrigblieb, zertrat es mit seinen Füßen. Es war auch ganz anders als die vorigen Tiere und hatte zehn Hörner.*" (Dan 7:7)

Nach dem Auftreten des vierten Ungeheuers sah Daniel, wie Gott es stürzte und richtete (V. 9–11). Und weiter heißt es: „*... und siehe, es kam einer mit den Wolken des Himmels wie eines Menschen Sohn und gelangte zu dem, der uralt war, und wurde vor ihn gebracht. Der gab ihm Macht, Ehre und Reich, daß ihm alle Völker und Leute aus so vielen verschiedenen Sprachen dienen sollten. Seine Macht ist ewig und vergeht nicht, und sein Reich hat kein Ende.*" (Dan 7:13–14)

Nimrod und die weltweite Rebellion

Weder jüdische Schriftgelehrte noch christliche Theologen haben jemals bezweifelt, wer dieser Sohn des Menschen ist. Er ist der Messias. Das bedeutet, Gott wird auf dem Höhepunkt der Zeitalter den heidnischen Weltreichen die Macht nehmen und sie seinem Messias geben, der dann das Königreich Gottes aufrichten wird. Die heidnischen Königreiche, von denen Daniel prophezeite, haben ihre Macht benutzt, um sich selbst zu verherrlichen. Sie haben sich selbst angebetet und vergötzt, andere unterdrückt und versklavt und ihre Herrschaft über andere Völker durch Krieg und

Gewalt ausgeweitet. Bei all ihrem Pomp und Stolz haben sie Gott nie die Ehre gegeben, noch haben sie sich um die Bedürfnisse ihrer Untertanen gekümmert.

Im Gegenteil, sie handelten nach denselben Prinzipien wie Nimrod in 1. Mose 10:8–12 und 11:1–9. Nimrod war der erste, der ein Weltreich auf der Erde errichtete und es genau nach den Prinzipien aufbaute, wie sie in 1. Mose 11:4 beschrieben sind. Das sind: 1. Konkurrenz zu Gott; 2. sich selbst einen Namen zu machen, statt Gott zu ehren; 3. Herrschaft durch Angst, statt durch Glauben und Vertrauen; 4. gezielte, wissentliche Änderung von Gottes Gesetzen und Geboten.

Gott hatte ursprünglich dem Menschen geboten, sich über die ganze Erde auszubreiten und sie zu füllen. Stattdessen drängte sich die Menschheit in Ballungsgebieten zusammen. Dieser kurze Vers (1. Ms 11:4) enthält im Kern die Grundidee aller Weltreiche. Die Prinzipien, auf denen sie aufbauen, sind Gier, Überheblichkeit, Auflehnung, Angst, Vorherrschaft und Mißachtung von Gottes Gesetz und Ordnungen.

Wenn eine Nation oder ein Weltreich sich innerhalb der gottgegebenen Leitlinien für Gesetz und Ordnung bewegt, wie sie sich in den Zehn Geboten und dem menschlichen Gewissen offenbaren, wird der Segen Gottes auf ihnen sein. Wenn aber eine Nation das Recht pervertiert, Gerechtigkeit nicht achtet, die Wahrheit ablehnt und die Menschen unterdrückt, dann wird das Land und seine Regierung zunehmend dämonisiert. Der Staat wird zu einem bereitwilligen Werkzeug für den Aufstand gegen Gott. Es kann eine Zeitlang dauern, doch schließlich wird das Ganze in sich zusammenbrechen.

Die Königreiche, die Daniel in seinen Träumen und Visionen sah, waren wirkliche historische Königreiche. Er sagte, daß der Kopf des goldenen Standbildes in Nebukadnezars Traum Nebukadnezar selbst und sein babylonisches Königreich waren.

> **...und dem er alle Länder, in denen Leute wohnen, dazu die Tiere auf dem Felde und die Vögel unter dem Himmel in die Hände gegeben und dem er über alles Gewalt verliehen hat. Du bist das goldene Haupt.**
> (Dan 2:38)

Wir sehen also, daß es hier nicht um mythologische Symbolik, sondern um historische Tatsachen geht. Die vier Weltreiche, die Daniel sah, trugen all die Rebellion und Selbstherrlichkeit in sich, die sich im Keim schon in Nimrods Königreich abzeichneten – die kollektive Auflehnung gegen Gott.

Wenn ein Königreich das andere bezwang, wurden die Verhältnisse nicht eben besser, sie wurden eher so unzivilisiert, so barbarisch, daß letztlich alles schlechter wurde als vorher (Dan 7:7). Nach dem Gericht über das Reich aber wird Gott die Kontrolle übernehmen und Gesetz und Ordnung wieder herstellen. Dann wird ein gerechter König aufstehen: der Messias, der Sohn des Menschen!

Die Herrschaft des Messias

Für die Juden war es selbstverständlich, daß der Sohn des Menschen im Buch Daniel der Messias war, der Sohn Davids. Er würde der König über ganz Israel sein, und unter der messianischen Regierung würden die Juden ihre gottgegebene Berufung wirklich annehmen.

Jesaja 11:1–10 beschreibt diesen Messias. Er werde ein Sproß aus der Wurzel Jesse sein, ein Nachkomme Davids. Der Geist des Herrn werde in vollem Maß auf ihm sein:

Auf ihm wird ruhen der Geist des Herrn, der Geist der Weisheit und des Verstandes, der Geist des Rates und der Stärke, der Geist der Erkenntnis und der Furcht des Herrn...sondern wird mit Gerechtigkeit richten die Armen und rechtes Urteil sprechen den Elenden im Lande, und er wird mit dem Stabe seines Mundes den Gewalttätigen schlagen und mit dem Odem seiner Lippen den Gottlosen töten...Da werden die Wölfe bei den Lämmern wohnen und die Panther bei den Böcken lagern. Ein kleiner Knabe wird Kälber und junge Löwen und Mastvieh miteinander treiben ...Man wird nirgends Sünde tun noch freveln auf meinem ganzen heiligen Berge; denn das Land wird voll Erkenntnis des Herrn sein, wie Wasser das Meer bedeckt. Und es wird geschehen zu der Zeit, daß das Reis aus der Wurzel Isais dasteht als Zeichen für die Völker. Nach ihm werden die Heiden fragen, und die Stätte, da er wohnt, wird herrlich sein. (Jes 11:2.4.6.9.10)

Jesaja prophezeite, wie der Messias, die Wurzel Jesse, ein Sohn Davids, in dem kommenden Königreich Gottes mit Gerechtigkeit herrschen und regieren werde. Dies wird also das fünfte Königreich in Nebukadnezars Traum sein. Es ist der Felsen, der das Götzen-Standbild (die anderen vier Reiche) zu Pulver zermalmte und dann die Erde ausfüllte.

Zuvor hatte Jesaja die Herrschaft des Messias in seinem Königreich beschrieben:

...Denn uns ist ein Kind geboren, ein Sohn ist uns gegeben, und die Herrschaft ruht auf seiner Schulter; und er heißt Wunder-Rat, Gott-Held, Ewig-Vater, Friede-Fürst; auf daß seine Herrschaft groß werde und des Friedens kein Ende auf dem Thron Davids und in seinem Königreich, daß er's stärke und stütze durch Recht und Gerechtigkeit von nun an bis in Ewigkeit. Solches wird tun der Eifer des Herrn Zebaoth.
(Jes 9:5–6)

Die Siebzig mal sieben

Trotzdem soll die Zeit der Heiden andauern, bis Gott den Messias zur Errichtung seines Königreichs sendet. Es sollte eine heidnische Macht nach der anderen geben. Alle, die Einblick in die Prophetie hatten, fragten sich, wie lange diese Periode andauern würde. Wann würde der Messias kommen? Die Antwort gibt Daniel 9. Hier lesen wir, daß Daniel vom Engel Gabriel aufgesucht wurde, der ihm einen Zeitplan für die Zukunft gab.

> **Siebzig Wochen sind verhängt über dein Volk und über deine heilige Stadt; dann wird dem Frevel ein Ende gemacht und die Sünde abgetan und die Schuld gesühnt, und es wird ewige Gerechtigkeit gebracht und Gesicht und Weissagung erfüllt und das Allerheiligste gesalbt werden.**
>
> **So wisse nun und gib acht: Von der Zeit an, als das Wort erging, Jerusalem werde wiederaufgebaut werden, bis ein Gesalbter, ein Fürst, kommt, sind es sieben Wochen; und zweiundsechzig Wochen lang wird es wieder aufgebaut sein mit Plätzen und Gräben, wiewohl in kummervoller Zeit.**
>
> **Und nach den zweiundsechzig Wochen wird ein Gesalbter ausgerottet werden und nicht mehr sein. Und das Volk eines Fürsten wird kommen und die Stadt und das Heiligtum zerstören, aber dann kommt das Ende durch eine Flut, und bis zum Ende wird es Krieg geben und Verwüstung, die längst beschlossen ist. Er wird aber vielen den Bund schwermachen eine Woche lang. Und in der Mitte der Woche wird er Schlachtopfer und Speisopfer abschaffen. Und im Heiligtum wird stehen ein Greuelbild, das Verwüstung anrichtet, bis das Verderben, das beschlossen ist, sich über die Verwüstung ergießen wird.** (Dan 9:24–27)

In diesen Schriftstellen lesen wir von *Siebzig mal sieben*, „die verhängt sind über dein Volk und über deine heilige Stadt". Die Menschen, über die er spricht, sind das Volk Israel, und die Stadt ist Jerusalem. Die *Siebzig mal sieben* sind siebzig Einheiten von jeweils sieben Jahren, also insgesamt 490 Jahre. Sie sollten beginnen „*Von der Zeit an, als das Wort erging, Jerusalem werde wiederaufgebaut werden...*

Zu Daniels Zeit – während der Gefangenschaft in Babylon – wartete das Volk auf dreierlei: 1. die Rückkehr in sein Land (die Rückführung der Nation), 2. den Wiederaufbau Jerusalems und des Tempels und 3. das Kommen des Messias und seines Königreiches. Während dieser Zeit der Erwartung zeigte Gott Daniel einen Zeitplan von 490 Jahren auf, der mit dem Befehl zum Wiederaufbau Jerusalems begann.

Der erste Befehl war von Kyros gegeben worden (Esra 1:1–4):

So spricht Kyros, der König von Persien: Der Herr, der Gott des Himmels, hat mir alle Königreiche der Erde gegeben, und er hat mir befohlen, ihm ein Haus zu Jerusalem in Juda zu bauen. (Esra 1:2)

Dieser Befehl erging nach 70 Jahren der Gefangenschaft in Babylon, genauso wie Jeremia es prophezeit hatte:

Denn so spricht der Herr: Wenn für Babel siebzig Jahre voll sind, so will ich euch heimsuchen und will mein gnädiges Wort an euch erfüllen, daß ich euch wieder an diesen Ort bringe. (Jer 29:10)

Später gab König Artaxerxes den Befehl zum Wiederaufbau Jerusalems (Neh 1 und 2), und zwar im Monat Nissan im 20. Jahr seiner Regierung, d. h. also am 14. März 445 vor Christus. Daniel spricht vom Wiederaufbau der Stadt während einer Periode von sieben mal sieben und zweiundsechzig mal sieben Jahren (zusammen 69 mal sieben Jahre). Nach diesen 483 Jahren würde ein Gesalbter *ausgerottet* bzw. getötet werden (Dan 9:26).

Daraufhin würden die Stadt und der Tempel noch einmal zerstört, diesmal *vom Volk eines Fürsten* (V. 26). Man beachte, daß die Betonung an dieser Stelle auf dem Volk liegt und nicht auf dem Fürsten. Der *Fürst* wird später hervorgehoben, wenn er mit Israel für die siebzigste Sieben-Jahres-Periode einen Bund schließt, d. h. also für sieben Jahre (Dan 9:27).

Der Bund wird jedoch gebrochen, wenn nach der Hälfte der angegebenen Zeitspanne das tägliche Opfer abgeschafft wird. Am Ende dieser sieben Jahre wird dann dieser Fürst, der etwas aufrichtet, was mit *Greuel der Verwüstung* bezeichnet wird (s. Dan 9:27), verurteilt und gerichtet werden, nämlich dann, wenn Gott kommt, um sein Reich wieder aufzurichten.

Solche Einzelheiten sind bezeichnend, weil Gott durch Daniel offenbart hat, was in der Zukunft Israels geschehen würde.

Erstens: Israel wird in der Rolle wirken, die Gott seinem Volk zugedacht hat, wenn er sein Königreich von neuem aufrichtet. Der Messias, der Sohn des Menschen und der Sohn Davids, wird König über die ganze Erde und vor allem über sein auserwähltes Volk sein. Von ihm und von seinem Volk wird Weisung von Zion ausgehen.

Es wird zur letzten Zeit der Berg, da des Herrn Haus ist, fest stehen, höher als alle Berge und über alle Hügel erhaben, und alle Heiden werden herzulaufen, und viele Völker werden hingehen und sagen: Kommt, laßt uns auf den Berg des Herrn gehen, zum Hause des Gottes Jakobs, daß er uns lehre seine Wege und wir wandeln auf seinen Steigen! Denn von Zion wird Weisung ausgehen und des Herrn Wort von Jerusalem. Und er wird richten unter den Heiden und zurechtweisen viele Völker. Da werden sie ihre Schwerter zu Pflugscharen und ihre Spieße zu Sicheln machen. Denn es wird kein Volk wider das andere das Schwert erheben, und sie werden hinfort nicht mehr lernen, Krieg zu führen. (Jes 2:2–4)

Zweitens: Viele verschiedene Weltmächte werden entstehen, doch alle werden schließlich zugrunde gehen.

Drittens: Der Periode von 483 Jahren, in der Jerusalem und der Tempel wiedererrichtet werden, folgt noch einmal deren Zerstörung! Dies passierte im Jahr 70 n. Chr., und es war eine furchtbare Tragödie für die Juden, ihr Land noch einmal verlassen zu müssen. In dieser ganzen Zeit hatten sie keine Autonomie – ausgenommen die kurze Zeit unter den Makkabäern*).

Doch wie Jeremia prophezeit hatte (Jer 29:10), waren die Juden nach 70 Jahren Gefangenschaft in Babylon ins Land zurückgekehrt. Trotzdem war es nicht dasselbe wie vorher. Das Zeitalter der Heiden, die Herrschaft der Heiden über Israels Land und Volk, hatte 70 Jahre zuvor begonnen, gleichzeitig mit der Gefangenschaft.

Mit der Zerstörung Jerusalems im Jahr 70 n. Chr. blieb nur ein Siebtel der Zeit übrig. Neunundsechzig Siebtel waren vergangen.

Die Visionen Daniels aus historischer Sicht

Das Standbild, das Nebukadnezar in seinem Traum gesehen hatte, symbolisierte eine Folge von vier heidnischen Weltreichen, die über Israel bis zur Rückkehr seines Messias in den Wolken des Himmels herrschen sollten. Daniel 7:13–14 sagt uns, daß dem Messias Autorität und Herrschaft gegeben und nie mehr von ihm genommen werden.

**) Die jüdische Befreiungsbewegung, die für kurze Zeit politische Unabhängigkeit bewirkte, bevor die Römer das Land einnahmen.*

Ich sah in diesem Gesicht in der Nacht, und siehe, es kam einer mit den Wolken des Himmels wie eines Menschen Sohn und gelangte zu dem, der uralt war, und wurde vor ihn gebracht.
Der gab ihm Macht, Ehre und Reich, daß ihm alle Völker und Leute aus so vielen verschiedenen Sprachen dienen sollten. Seine Macht ist ewig und vergeht nicht, und sein Reich hat kein Ende. (Dan 7:13–14)

Ein Engel erklärte Daniel dann: *„Diese vier großen Tiere sind vier Königreiche, die auf Erden kommen werden. Aber die Heiligen des Höchsten werden das Reich empfangen und werden es immer und ewig besitzen."* (Dan 7:17–18)

Nach dem Babylonischen Reich, in Daniel 7:4 symbolisiert durch den Löwen und in Daniel 2:38 durch das goldene Haupt des Standbildes, kam das Persische Reich, das durch den Bären (Dan 7:5) sowie durch die Brust und den Brustpanzer aus Silber dargestellt wurde. Darauf folgte das Griechische (Hellenistische) Alexanderreich, repräsentiert durch den Leoparden mit den vier Köpfen und den Hüften aus Kupfer (dieses Weltreich zerfiel nach dem Tode Alexanders des Großen in vier Königreiche – s. Dan 7:6, 2:32).

Als letztes beschreibt Daniel ein Weltreich, das durch ein anderes furchtbares und wildes Ungeheuer mit zehn Hörnern symbolisiert wird:

Danach sah ich in diesem Gesicht in der Nacht, und siehe, ein viertes Tier war furchtbar und schrecklich und sehr stark und hatte große eiserne Zähne, fraß um sich und zermalmte, und was übrigblieb, zertrat es mit seinen Füßen. Es war auch ganz anders als die vorigen Tiere und hatte zehn Hörner.
Als ich aber auf die Hörner achtgab, siehe, da brach ein anderes kleines Horn zwischen ihnen hervor, vor dem drei der vorigen Hörner ausgerissen wurden. Und siehe, das Horn hatte Augen wie Menschenaugen und ein Maul; das redete große Dinge. (Dan 7:7–8)

In dem Standbild, das Nebukadnezar sah, ist dieses Weltreich – dargestellt als Ungeheuer – gleichbedeutend mit den aus Eisen und gebranntem Ton bestehenden Beinen und Füßen (Dan 2:33). Die Füße hatten zehn Zehen. Dieses wilde Tier ist das vierte Weltreich – das Römische Reich.

Das Römische Reich

Die oben erwähnten Reiche sollten unmittelbar aufeinanderfolgen und das Römische Reich sollte das letzte sein, aber auch das schrecklichste von allen. Es breitete sich durch unvergleichliche Brutalität und Aggressivität aus, vernichtete alles auf seinem Weg und unterdrückte die gesamte damals bekannte Welt.

Wenn wir am Ende der 483 im Buch Daniel prophezeiten Jahre zur Zeit Jesu und der Zerstörung des zweiten Tempels gelangen, ist Rom an der Macht.

Man hat das vierte Ungeheuer in der Vision auch als das Griechische, das Hellenistische Weltreich mit seinen zehn Königen interpretieren wollen. Doch solch eine Erklärung soll dazu dienen, Rom nicht mit der heutigen Situation in Verbindung zu bringen. Die Verfechter dieser These wollen die Parallelen zu unserer Zeit nicht sehen und auch nicht, daß das Wiederauftreten Roms in den Prophetien vorausgesagt worden ist. Der Leopard mit den vier Köpfen war Griechenland mit seinen vier Heerführern, die nach dem Tod Alexanders die Macht übernahmen. Sein Königreich wurde in vier Teile aufgeteilt und von der nächsten Großmacht verschlungen, dem Römischen Reich.

Das Buch der Offenbarung enthält mehrere interessante Beobachtungen zu dem vierten wilden Ungeheuer und dem letzten Königreich. Im Buch der Offenbarung lesen wir:

Und ich sah ein Tier aus dem Meer steigen, das hatte zehn Hörner und sieben Häupter und auf seinen Hörnern zehn Kronen und auf seinen Häuptern lästerliche Namen.
Und das Tier, das ich sah, war gleich einem Panther und seine Füße wie Bärenfüße und sein Rachen wie ein Löwenrachen. Und der Drache gab ihm seine Kraft und seinen Thron und große Macht. (Offb 13:1–2)

Hier lesen wir von einem Ungeheuer mit derselben Anzahl von Hörnern, nämlich zehn. Es hat Merkmale ähnlich denen der vier Ungeheuer im Buch Daniel: des Löwen, des Bären, des Leoparden und des wilden namenlosen Ungeheuers. Dies wird das letzte Königreich sein, weil der Sohn des Menschen kommen und ihm den Prozeß machen wird.

Und ich sah, und siehe, eine weiße Wolke. Und auf der Wolke saß einer, der gleich war einem Menschensohn; der hatte eine goldene Krone auf seinem Haupt und in seiner Hand eine scharfe Sichel. (Offb 14:14)

Offenbarung 17:8 sagt uns mehr über dieses Ungeheuer: *Das Tier, das du gesehen hast, ist gewesen und ist jetzt nicht und wird wieder aufsteigen aus dem Abgrund…* Dies spricht von einem wiedererwachten Weltreich, und in Daniel 9:26 lesen wir, daß *das Volk eines Fürsten kommen und die Stadt und das Heiligtum zerstören* wird. Da es das vierte bzw. das Römische Reich war, das Jerusalem zerstört hat, trifft diese Darstellung zu.

Wie die Geschichte gezeigt hat, zerfiel das Römische Reich ganz allmählich. Sein endgültiges Gericht steht also noch aus. Einige seiner elementaren Grundideen sind jedoch in den religiösen, politischen und juristischen Systemen der modernen europäischen Kultur immer noch latent wirksam.

Für das Ende der Zeiten ist prophezeit, daß diese Elemente sich wieder vereinigen, um in einem neuerstandenen Römischen Reich wieder sichtbar zu werden. Es wird sich um eine Föderation von zehn Staaten handeln, symbolisiert durch die zehn Zehen, die Nebukadnezar gesehen hatte. Dies ist das Königreich, das der Felsen zermalmen und das der Herr richten wird. Diese Ereignisse gehören zum siebenundsiebzigsten Sieben-Jahres-Abschnitt, und sie werden in den „Letzten Tagen" stattfinden.

Die letzten sieben Jahre

An diesem Punkt geht die Erzählung im Buch Daniel dazu über, den Herrscher zu beschreiben statt seine Untertanen, die Römer (Dan 9:26–27). Dieser Herrscher wird einen Pakt oder Bund für einen Zeitraum von sieben Jahren schließen, nach denen das letzte Gericht stattfinden wird.

Wie wir gesehen haben, ist am Ende der 483 Jahre, die uns bis zur Zeit der Zerstörung des Tempels geführt haben, ein Abschnitt von sieben Jahren übriggeblieben. In diesem Zeitraum geht es um den Herrscher des vierten Königreichs, und es sind diese sieben Jahre, die das Buch der Offenbarung detailliert beschreibt und in eine ferne Zukunft am Ende der Zeiten legt.

Zwischen dem 69. und 70. Abschnitt von sieben Jahren finden wir eine Lücke von etwa zweitausend Jahren! Solche Perspektiven sind nicht ungewöhnlich in Prophetien. Nachdem Gott durch seine Propheten gesprochen hat, können vielleicht Tausende von Jahren vergehen, bevor ihre Worte erfüllt werden. Die Ereignisse finden jedoch genauso statt, wie Gott es gesagt hat. Während dieses besonderen Zeitabschnitts finden zwei davon statt, das eine ist die weltweite Diaspora.

Die Zerstörung des Tempels war ein Desaster. Gott hatte versprochen, nach dem vierten heidnischen Weltreich werde sein Königreich kommen, doch stattdessen kam die große Diaspora, die – wie schon erwähnt – das ganze jüdische Volk über alle Völker der Erde verteilte.

Schon Moses hatte einst – wie Jeremia – die künftige Diaspora in viele Völker prophezeit (5. Ms 30:1–4). Aber diese hier ist anders als die der Babylonischen Gefangenschaft – der größte Teil des Volkes wurde nur in ein Land weggeführt. Die nächste Diaspora aber verbannte sie in die entferntesten Länder bis ans Ende der Welt. Trotzdem hatte Gott versprochen:

> **Wenn du bis ans Ende des Himmels verstoßen wärst, so wird dich doch der Herr, dein Gott, von dort sammeln und dich von dort holen und wird dich in das Land bringen, das deine Väter besessen haben, und du wirst es einnehmen, und er wird dir Gutes tun und dich zahlreicher machen, als deine Väter waren.** (5. Ms 30:4–5)

Die Diaspora – eine Zwischenzeit

Das Volk Israel wird wieder zusammengeführt, weil der Herr in Daniel 9:24 verheißen hat: *„Siebzig Wochen sind verhängt über dein Volk und über deine heilige Stadt...und es wird ewige Gerechtigkeit gebracht und Gesicht und Weissagung erfüllt und das Allerheiligste gesalbt werden."*

Das heißt, eine Zeitspanne von sieben Jahren ist für die Zukunft aufbewahrt worden. 69 Sieben-Jahres-Abschnitte sind bis zum Zeitpunkt der Zerstreuung verstrichen. Der 70. Abschnitt wird am Ende *des Zeitalters der Völker* kommen, und danach wird der Messias zurückkehren! Dann wird Israel in seine Berufung für sein Land, sein Volk und seine Stadt eintreten!

So gesehen ist die Diaspora nichts weiter als ein Interim, ein Zwischenspiel, eine große Unterbrechung! Nach menschlichen Maßstäben hatte es so ausgesehen, als sei das Ende der jüdischen Nation gekommen. Aber Israel ist quicklebendig und wohlauf! Überall lesen die Menschen ihre Gebete und begrüßen sich zu Pessach – Passah oder Ostern – mit den Worten: *„Nächstes Jahr in Jerusalem!"* Sie trauern um ihren Tempel und sehnen sich nach ihrer Stadt und nach der Heimkehr in ihr Land, und sei es nur, um dort zu sterben.

Wie schon früher erwähnt: zwei Ereignisse geschahen während der 2000jährigen Spanne zwischen dem 69. und dem 70. Sieben-Jahres-Zeitraum. Das eine war die Diaspora, das andere die Geburt der Gemeinde.

Wenn die christliche Gemeinde in Erweckung lebte, verbreitete sie den Glauben an die Bibel, Gehorsam für ihre Zehn Gebote und die praktische Anwendung der biblischen Ethik in der ganzen heidnischen Welt. Durch die Gemeinde wurde der Gott Abrahams, Isaaks und Jakobs allen heidnischen Nationen bekannt. Und wo die Gemeinde in Erweckung lebte, blieb die Achtung für das jüdische Volk lebendig und auch all das, was Gott über die Juden in seinem Wort gesagt hatte. Wo die Kirche jedoch in Stolz und Ketzerei lebte, nahmen Anti-Semitismus und alle Arten religiösen Aberglaubens überhand.

Die Bibel stellt jedoch klar, daß die Zeit heidnischer Herrschaft zu einem Ende kommen wird. Das wird einige aufsehenerregende Veränderungen nach sich ziehen. Als vor langer Zeit jüdische Christen (Juden, die Jesus als ihren Messias anerkannten) hörten, daß sie mit dem Evangelium zu den Heiden gehen sollten, waren sie verblüfft und schockiert. Etwas Ähnliches steht den Heiden-Christen, den nicht-jüdischen Gläubigen, noch bevor.

In den „Letzten Tagen" wird Gott sein Volk Israel allen Ernstes nach Hause rufen. Er wird seine Bestimmung erneuern und es in seine vorbestimmte Position und Rolle für das nächste Zeitalter, das Millennium, einsetzen.

Was die Propheten über die Wiederherstellung Israels sagen

Hesekiel hatte ganz klar prophezeit, was mit dem jüdischen Volk geschehen wird. Er umriß Gottes Wiederherstellungs-Programm am Ende des Zeitalters, das wir das *Zeitalter der Heiden* nennen:

> **Denn ich will euch aus den Heiden herausholen und euch aus allen Ländern sammeln und wieder in euer Land bringen, und will reines Wasser über euch sprengen, daß ihr rein werdet; von all eurer Unreinheit und von allen euren Götzen will ich euch reinigen.**
> **Und ich will euch ein neues Herz und einen neuen Geist in euch geben und will das steinerne Herz aus eurem Fleisch wegnehmen und euch ein fleischernes Herz geben.**
> **Ich will meinen Geist in euch geben und will solche Leute aus euch machen, die in meinen Geboten wandeln und meine Rechte halten und danach tun.**
> **Und ihr sollt wohnen im Lande, das ich euren Vätern gegeben habe, und sollt mein Volk sein, und ich will euer Gott sein.**
> **Ich will euch von all eurer Unreinheit erlösen und will das Korn rufen und will es mehren und will keine Hungersnot über euch kommen lassen.**
> **Ich will die Früchte auf den Bäumen und den Ertrag auf dem Felde mehren, daß euch die Heiden nicht mehr verspotten, weil ihr hungern müßt.**
> **Dann werdet ihr an euren bösen Wandel denken und an euer Tun, das nicht gut war, und werdet euch selbst zuwider sein um eurer Sünde und um eures Götzendienstes willen.** (Hes 36:24–31)

Gottes Plan enthält die folgenden Punkte:

1. Gott will das jüdische Volk aus jeder Nation in sein eigenes Land zurückbringen (V. 24).

2. Dort wird er es mit reinem Wasser besprengen und von all den Götzen reinigen, die es während des Zusammenlebens mit den Heiden übernommen hatte. Materialismus, Atheismus usw. sind nur einige der „Ismen"-Götzen und der geistigen Festungen, die fallen werden, wenn Gott sein Volk mit dem Wasser der Reinigung besprengen wird (V. 25).

3. Gott wird ihre steinernen Herzen gegen weiche Herzen aus Fleisch austauschen. Alle Bitterkeit und Enttäuschung, die ihnen durch die Heiden zugefügt worden ist, wird verschwinden. Ihre harten Herzen werden ersetzt werden durch Herzen, die Gott und den Menschen gegenüber liebevoll sein werden. Nur Gott kann ein solches Wunder bewirken (V. 26).

4. Gott selbst wird seinen Geist in ihre Herzen geben und sie dazu bewegen, seine Gebote zu halten. Derselbe Geist, der Moses bewog, dem Volk die Thora zu geben, wird über sie ausgegossen werden. Er wird ihnen innere Stärke und Begeisterung geben, um Gott aufrichtig von Herzen lieben und seine Gebote halten zu können (V. 27).

Auch der Prophet Joel hat von diesem Ereignis gesprochen:

Und ihr sollt's erfahren, daß ich mitten unter Israel bin und daß ich, der Herr, euer Gott bin, und sonst keiner mehr, und mein Volk soll nicht mehr zuschanden werden.
Und nach diesem will ich meinen Geist ausgießen über alles Fleisch, und meine Söhne und Töchter sollen weissagen, eure Alten sollen Träume haben, und eure Jünglinge sollen Gesichte sehen.
Auch will ich zur selben Zeit über Knechte und Mägde meinen Geist ausgießen.
Und ich will Wunderzeichen geben am Himmel und auf Erden: Blut, Feuer und Rauchdampf.
Die Sonne soll in Finsternis und der Mond in Blut verwandelt werden, ehe denn der große und schreckliche Tag des Herrn kommt.

Und es soll geschehen: wer des Herrn Namen anrufen wird, der soll errettet werden. Denn auf dem Berge Zion und zu Jerusalem wird Errettung sein, wie der Herr verheißen hat, und bei den Entronnenen, die der Herr berufen wird. (Joel 2:27 und 3:1–5)

Gottes Wort wird wortwörtlich erfüllt werden

Am Pfingsttag zitiert Petrus Joels Worte und wendet sie auf *jedermann* in allen Völkern an. Am Ende dieses Zeitalters aber wird das ursprüngliche Wort wortwörtlich genauso erfüllt werden, wie es der Prophet gesagt hat: „*Und ihr sollt's erfahren, daß ich mitten unter Israel bin und daß ich, der Herr, euer Gott bin, und sonst keiner mehr, und* ***mein Volk*** *soll nicht mehr zuschanden werden.*" (Joel 2:27)

Gottes Geist wird auf sein ausgewähltes Volk ausgegossen werden „*in jenen Tagen und zur selben Zeit, da ich das Geschick Judas und Jerusalems wenden werde…*" (Joel 4:1–2).

Wenn das geschieht, wird – entsprechend den Worten des Propheten Joel – das Gericht über alle heidnischen Völker kommen.

5. „Und ***ihr*** *sollt wohnen im Lande, das ich euren Vätern gegeben habe, und sollt mein Volk sein, und ich will euer Gott sein"* (Hes 36:28).

Wenn Gottes Plan zur Wiederherstellung im jüdischen Volk vollständig verwirklicht ist, wird es für immer in seinem Land wohnen und seine wahre Bestimmung erfüllen. Es wird zu einer vollständigen Nation werden, die von ganzem Herzen dem Herrn dienen wird (Hes 36:28).

6. Gott verspricht, sein Volk zu retten und zu segnen. Es wird nicht länger Schande erleiden, denn Gott sagt: „*Ich will die Früchte auf den Bäumen und den Ertrag auf dem Felde mehren, daß euch*

die Heiden nicht mehr verspotten, weil ihr hungern müßt". Das bedeutet, daß der wirkliche Ort des Segens, Gedeihens und der Harmonie für das Volk Israel sein Land ist. Es wird allerdings zu mehr als nur zu seinem Land zurückkehren: Es wird zu seinem Gott zurückkehren (Hes 36:29–30).

7. Eine frische Erweckung und ein neues Verständnis von Gott werden das Ergebnis sein. Das Volk wird vom Gewissen geplagt und beschämt sein. Es wird seinen Gott suchen und von sich selbst angewidert sein wegen seiner Sünden und Übertretungen. Eine mächtige Woge von Reinigung und Heiligkeit wird es gleichzeitig überspülen und Wiederherstellung, Segen und Gedeihen bringen (Hes 36:31–32).

Die Ausgießung des Heiligen Geistes, die von Joel und Hesekiel prophezeit wird, ist ebenso von Sacharja vorausgesagt:

> **Aber über das Haus David und über die Bürger Jerusalems will ich ausgießen den Geist der Gnade und des Gebets. Und sie werden mich ansehen, den sie durchbohrt haben, und sie werden um ihn klagen, wie man klagt um ein einziges Kind, und werden sich um ihn betrüben, wie man sich betrübt um den Erstgeborenen.** (Sach 12:10)

Wenn Jerusalem unter äußerstem Druck stehen wird, dann wird Gott sein Volk heimsuchen und seinen Geist darüber ausgießen.

Der Prophet Hesekiel beschreibt, wie der Geist des Herrn über das Tal der Totengebeine wehte (Hes 37:4–5, 9–11). Der Herr wies Hesekiel an, über die Knochen, die er dort liegen sah, zu prophezeien und dann den Geist von den vier Winden zu rufen, damit er auf sie wehte, so daß sie wieder zum Leben erweckt würden. Daraufhin erhob sich eine große Armee – vorher trockene Gebeine – und stellte sich auf.

Und ihr sollt erfahren, daß ich der Herr bin, wenn ich eure Gräber öffne und euch, mein Volk, aus euren Gräbern heraufhole.
Und ich will meinen Odem in euch geben, daß ihr wieder leben sollt, und will euch in euer Land setzen, und ihr sollt erfahren, daß ich der Herr bin. Ich rede es und tue es auch, spricht der Herr. (Hes 37:13–14)

Die Antwort auf die Berufung läßt noch auf sich warten

Der Herr spricht fortwährend von einer Rückführung und von einer Erfüllung mit dem Heiligen Geist in den Letzten Tagen. Aber weder die Rückführung noch die Besprengung mit reinem Wasser (die Ausgießung des Geistes auf das Volk) werden ohne Probleme verlaufen.

Die Juden sind ständig herausgefordert wegen ihres Landes, und der Widerstand von außen nimmt zu. In gleichem Maß wächst der Widerstand von innen mit der Forderung: „Laßt uns in Ruhe, und laßt uns in Frieden leben wie alle anderen auch. Wir sind genauso wie jedes andere Volk, und wir wollen leben wie sie." Aber das jüdische Volk ist nicht wie andere Völker. Gott selbst sagt: „Siehe, das Volk wird abgesondert wohnen und sich nicht zu den Heiden rechnen." (4. Ms 23:9)

Gottes Berufung und Wahl haben das jüdische Volk einzigartig gemacht.

Du aber, Israel, mein Knecht, Jakob, den ich erwählt habe, du Sproß Abrahams, meines Geliebten, den ich fest ergriffen habe von den Enden der Erde her und berufen von ihren Grenzen, zu dem ich sprach: Du sollst mein Knecht sein; ich erwähle dich und verwerfe dich nicht…
(Jes 41:8–9)

Wenn Gott jetzt ruft, muß es eine Antwort geben, wenn nicht, wird es Probleme geben. Die treibende Kraft für die Juden ist deshalb nicht in erster Linie das Recht auf das Land oder das Recht, eine Nation zu sein, sondern das Recht, auf Gottes ewige Berufung zu antworten.

Er ruft die Juden auf, ihm zu gehören und ihm zu dienen. Alles, was Gott in den Letzten Tagen für sein Volk tut (in der Zeit, wenn er die Rückführung Israels mit Nachdruck betreibt), wird zu einem Ziel führen: *„Und ihr...sollt mein Volk sein, und ich will euer Gott sein."* (Hes 36:28)

Verweltlichung, Relativismus, Auflösung von Wertmaßstäben und Materialismus bringen große Gefahren für das jüdische Volk. Sie ziehen es von Gott weg und machen es gleichgültig gegenüber seiner Gegenwart, seinem Wort und seiner Berufung. Und trotzdem: Genauso wie die Rückführung des Volkes jetzt in Gang gekommen ist und auf die wortwörtliche Erfüllung der Prophetie zusteuert, genauso wird auch jedes andere prophetische Wort Gottes in Erfüllung gehen – einschließlich: *„Ich will meinen Geist in euch geben."* (Hes 36:27)

7

Jerusalem, Jerusalem!

Jerusalem ist anders als jede andere Stadt der Erde. Keine Stadt ist so oft besucht, bewundert, gehaßt, gefeiert oder betrauert worden wie Jerusalem. Sie ist ein zentraler Ort für verschiedene Religionen und weckt Emotionen in den Herzen von Millionen von Menschen. In keiner Stadt der Welt gibt es so viele Auslands-Berichterstatter wie in Jerusalem, und es scheint so, als erwarteten sie, daß dort sehr wichtige Ereignisse stattfinden!

Selbst wenn man Jerusalem einfach nur besucht – etwas passiert mit dir, und selbst die gefühllosesten, eingebildetsten Leute können die Stadt nicht wieder verlassen, ohne von ihr verändert oder berührt worden zu sein.

Hinter ihren Steinfassaden, zwischen ihren gewaltigen Mauersteinen ist etwas Ewiges gegenwärtig. Etwas Zeitloses erfüllt die Atmosphäre, das alles durchdringt und jeden berührt. Die Stadt und ihre Steine warten. Jerusalems Schicksal ist seit uralten Zeiten bestimmt. Jahrhundertelang haben heidnische Völker versucht, sie zu Fall zu bringen oder zu entheiligen, doch sie steht fest wie eh und je, obwohl ihre eigentliche Bestimmung immer noch nicht Wirklichkeit geworden ist.

Stadt der Zukunft

Wenn man Jerusalem besucht, kann man leicht eingefangen werden von all dem religiösen Pomp und Kitsch und der Geschäftemacherei rund um die heiligen Orte, heiligen Steine und heiligen Kreuze, doch dahinter liegt etwas völlig anderes. In der Bevölkerung der Stadt selbst gibt es ein echtes Verlangen und Begehren danach, daß ihre Stadt ihre Berufung erfüllt. Jerusalems Großartigkeit liegt nicht in der Vergangenheit, obwohl sie mit einer Geschichte wie keine andere Stadt prahlen könnte. Ihre Größe liegt in der Zukunft, und ihre Zukunft ist näher denn je! Es ist, als könnte jeden Moment ein unsichtbarer Schleier weggenommen werden, damit Jerusalems Herrlichkeit und das ihr bestimmte Ziel offenbar wird. Die ganze Atmosphäre der Stadt atmet Hoffnung und eine zuversichtliche Erwartung von etwas Gutem, das da kommen wird.

Gleichzeitig aber kann man stärker als je zuvor die Gegenwart von religiösen, rebellischen und gewalttätigen Geistern spüren. Der Widerstand dagegen wächst, daß Jerusalem zum Fußschemel für den Großen König wird, je mehr die Zeit für sein Kommen näherrückt.

So überaus strahlend Jerusalems Zukunft ist, wir sollten auch wissen, daß ihre Geschichte bis in uralte Zeiten zurückverfolgt werden kann. Bezeichnenderweise taucht sie in der Schrift zum ersten Mal nach Abrahams Sieg über die gewaltigsten Mächte seiner Zeit auf (1. Ms 14:1–20). Abraham hatte Lot befreit und war auf dem Heimweg, als ihm der Priester-König Melchisedek begegnete.

Melchisedek, der König von Salem, lud ihn zu Brot und Wein ein und segnete ihn dann. Im Anschluß daran gab Abraham Melchisedek den zehnten Teil der Kriegsbeute.

Als er nun zurückkam von dem Sieg über Kedor-Laomer und die Könige mit ihm, ging ihm entgegen der König von Sodom in das Tal Schawe, das ist das Königstal.
Aber Melchisedek, der König von Salem, trug Brot und Wein heraus. Und er war ein Priester Gottes des Höchsten und segnete ihn und sprach: Gesegnet seist du, Abram, vom höchsten Gott, der Himmel und Erde geschaffen hat; und gelobt sei Gott der Höchste, der deine Feinde in deine Hand gegeben hat. Und Abram gab ihm den Zehnten von allem. (1. Ms 14:17–20)

Salem ist dasselbe wie Jerusalem. Später kehrte Abraham dorthin zurück, in die Gegend von Moria, weil Gott ihm gesagt hatte, er solle dort seinen Sohn Isaak opfern (1. Ms 22). Auf dem Berg Moria erschien ihm der Herr: *„Lege deine Hand nicht an den Knaben und tu ihm nichts; denn nun weiß ich, daß du Gott fürchtest und hast deines eigenen Sohnes nicht verschont um meinetwillen."* (1. Ms 22:12)

Vers 14 fährt fort: *Und Abraham nannte die Stätte* ***„Der Herr sieht"*** *(Jahwe jireh / JHWH jire).* Daher sagt man noch heute: ***Auf dem Berge, da der Herr sieht.***

Der Berg des Herrn, von dem die Schriften sagen, daß dort etwas gesehen wird, wurde später der Platz des Tempels, der Tempelberg.

Stadt Davids

Nach Abrahams Zeit erscheint die Stadt unter dem Namen Jebu, in den Händen der Jebusiter. Die Kinder Israels hatten sie noch nicht in Besitz nehmen können, obwohl sie innerhalb der Grenzen von Kanaan lag. David aber schickte seinen Feldhauptmann Joab, der hatte Erfolg und nahm die Stadt ein.

David machte daraufhin Jerusalem zur Hauptstadt von Israel und regierte dort für 33 Jahre. Es ist bedeutungsvoll, daß David der erste König von Israel war, der von Jerusalem aus regierte, weil eines Tages auch der Messias, der Sohn Davids, von dort aus regieren wird.

All die Jahre hindurch lag es David am Herzen, einen Tempel für seinen Herrn zu bauen, doch Gott sagte ihm, daß nicht er, sondern sein Sohn das tun sollte (2. Sam 7:8–16). Als er einsah, daß er nicht die Erlaubnis zum Bau erhalten würde, unternahm David alles, was in seiner Macht stand, um den Bau des Tempels vorzubereiten, damit sein Sohn ihn errichten könne, sobald er alt genug wäre. Dazu kaufte er auch Araunas Dreschplatz, der später zum Tempelplatz wurde (1. Chr 21:24).

Lange Zeit hatte Gott über einen Ort gesprochen, an dem sein Name wohnen sollte. Er hatte darüber zu Mose und auch zu David gesprochen:

> **Seit der Zeit, da ich mein Volk aus Ägyptenland geführt habe, habe ich keine Stadt erwählt aus allen Stämmen Israels, ein Haus zu bauen, daß mein Name daselbst sein sollte, und habe auch keinen Mann erwählt, daß er Fürst sein sollte über mein Volk Israel; aber Jerusalem habe ich erwählt, daß mein Name daselbst sei, und David habe ich erwählt, daß er über mein Volk Israel Herr sei.** (2. Chr 6:5–6)

Stadt der Feste

So kam es, daß Gott seine Gegenwart mit Jerusalem und dem Tempel verband. Sein Volk sollte nach dem Gesetz Moses dreimal im Jahr Pilgerreisen nach Jerusalem unternehmen. Dort im Tempel sollte es Pessach (Passah, Ostern), Schawuot (Pfingsten) und Sukkot (Laubhüttenfest) feiern.

Der Tempel, das Verlesen des Gesetzes, die Opfer und das Einhalten der Feste sollten für Israel ein Bild sein. Sie waren eine prophetische Vorausschau auf Gott selbst, auf seine Eigenschaften und seinen Erlösungsplan. Auf diese Weise unterrichtete Gott sein Volk über die Errettung. Deshalb lag ihm so viel daran, daß die Feste genau zur richtigen Zeit, am richtigen Platz und in der richtigen Art und Weise gehalten wurden und daß für alle Jerusalem das Zentrum sein sollte.

Man kann die geistliche Bedeutung Jerusalems für die Juden nicht verstehen, wenn man nicht weiß, daß sie untrennbar mit ihrem Verlangen nach Gott verbunden ist und mit den Geboten, ihn dort anzubeten und zu loben.

Heute sagt man, Jerusalem sei die Stadt von drei Religionen: des Judaismus, des Christentums und des Islam. Die Schlußfolgerung daraus ist, daß diese drei Gruppen die Stadt in drei mehr oder weniger gleich große Teile aufteilen und dann alle glücklich und in Frieden leben sollten. Aber Jerusalem ist nicht die Stadt von drei Religionen. Jerusalem ist die Stadt Gottes und der Ort, den er ausgesucht hat, sich selbst seinem Volk und dem Rest der Welt zu offenbaren. – Genau deshalb sagt Jesaja:

> **Es wird zur letzten Zeit der Berg, da des Herrn Haus ist, fest stehen, höher als alle Berge und über alle Hügel erhaben, und alle Heiden werden herzulaufen, und viele Völker werden hingehen und sagen: Kommt, laßt uns auf den Berg des Herrn gehen, zum Hause des Gottes Jakobs, daß er uns lehre seine Wege und wir wandeln auf seinen Steigen!** ***Denn von Zion wird Weisung ausgehen und des Herrn Wort von Jerusalem.***
> (Jes 2:2–3)

Jesaja 25:7 fährt fort: *„Und er wird auf diesem Berge die Hülle wegnehmen, mit der alle Völker verhüllt sind, und die Decke, mit der alle Heiden zugedeckt sind."*

Die Stadt Gottes

Je mehr man die Bibel liest, desto mehr erkennt man die Bedeutung Jerusalems. Der Herr hat seine Gegenwart in einer ganz besonderen Weise mit ihr verbunden, und so wie er von einem ewigen Bund mit Abraham spricht, so auch von einer ewigen Beziehung mit Jerusalem. Wenn Propheten über Jerusalem weissagen, dann hat das immer mit einer strahlenden Zukunft für sie zu tun.

Andere Städte haben größeren politischen, kulturellen und wirtschaftlichen Einfluß gehabt, doch sind sie schon vor Jahrhunderten aus dem Weltgeschehen verschwunden und heute völlig unbedeutend. Aber Jerusalem ist noch immer da.

Die Stadt hat Zeiten der Herrlichkeit gekannt, genau wie Zeiten des Niedergangs, der Unterdrückung, Plünderung und Verwüstung. Und doch ist sie immer wieder auf die Beine gekommen, und allem zum Trotz steht sie heute immer noch.

Sogar als die Römer die Stadt zerstörten, sie plünderten, umpflügten, ihren Namen in Aelia Capitolina änderten und die Juden aussperrten, überlebte Jerusalem; und es dauerte nicht lange, da waren ihre Einwohner wieder zurückgekommen.

Die Juden haben immer dort gelebt, sogar wenn Jerusalem auf dem Tiefpunkt war – einfach deshalb, weil die Stadt ihnen gehört. Sie ist ihnen von Gott gegeben worden.

Nicht die vielen Ereignisse in der Geschichte Jerusalems sind für die Juden wertvoll, sondern die Stadt selbst, weil Gott sie auserwählt hat. Psalm 48 beschreibt Jerusalem als *Stadt unseres Gottes auf seinem heiligen Berge* (V. 1). Über den Berg Zion wird gesagt: *„... daran freut sich die ganze Welt"*, und Jerusalem wird *„die Stadt des großen Königs"* genannt (V. 2). Über Jerusalem heißt es: *„Gott erhält sie ewiglich"* (V. 9). Psalm 50:2 sagt: *„Aus Zion bricht an der schöne Glanz Gottes."*

Psalm 87:1–3 erklärt: *„**Sie ist fest gegründet** auf den heiligen Bergen. **Der Herr liebt die Tore Zions** mehr als alle Wohnungen in Jakob. Herrliche Dinge werden in dir gepredigt, **du Stadt Gottes.**"*

Der Herr liebt Jerusalem und setzt sich so für ihre Zukunft ein, daß er die ganze Zeit mit ihr ist, sie aufrecht erhält und niemals fallen lassen wird. Er sagt von ihr in Jesaja 49:16: *„Siehe, in die Hände habe ich dich gezeichnet; deine Mauern sind immerdar vor mir."*

Gott ist so bemüht um ihr Wohlergehen und die Erfüllung seiner Pläne, daß er sagt:

Um Zions willen will ich nicht schweigen, und um Jerusalems willen will ich nicht innehalten, bis seine Gerechtigkeit aufgehe wie ein Glanz und sein Heil brenne wie eine Fackel, daß die Heiden sehen deine Gerechtigkeit und alle Könige deine Herrlichkeit. Und du sollst mit einem neuen Namen genannt werden, welchen des Herrn Mund nennen wird. Und du wirst sein eine schöne Krone in der Hand des Herrn und ein königlicher Reif in der Hand deines Gottes. Man soll dich nicht mehr nennen, „Verlassene" und dein Land nicht mehr „Einsame", sondern du sollst heißen „Meine Lust" und dein Land, „Liebes Weib"; denn der Herr hat Lust an dir, und dein Land hat einen lieben Mann. Denn wie ein junger Mann eine Jungfrau freit, so wird dich dein Erbauer freien, und wie sich ein Bräutigam freut über die Braut, so wird sich dein Gott über dich freuen. O Jerusalem, ich habe Wächter über deine Mauern bestellt, die den ganzen Tag und die ganze Nacht nicht mehr schweigen sollen. Die ihr den Herrn erinnern sollt, ohne euch Ruhe zu gönnen, laßt ihm keine Ruhe, bis er Jerusalem wieder aufrichte und es setze zum Lobpreis auf Erden! (Jes 62:1–7)

Darüber hinaus verheißt er Jerusalem: *„…und dich wird man nennen…‚Gesuchte' und **‚Nicht mehr verlassene Stadt'**."* (V. 12)

Trotzdem mußten die Propheten Jerusalem ständig Vorwürfe machen. Statt ein Ort der Anbetung und Herrlichkeit zu sein, wurde sie immer wieder zu einer Räuberhöhle. – Statt ein Ort der Offenbarung und Herrlichkeit zu sein, wurde sie allzu oft zum Schauplatz von Machtmißbrauch, von falschen und schmeichlerischen Prophetien, von zügellosem Lebenswandel.

Gott ist zornig mit seinem Volk, wenn es gegen ihn sündigt und ihn versucht.

In Jeremia 2:2 sagt er: „*Geh hin und predige öffentlich der Stadt Jerusalem und sprich: So spricht der Herr: Ich gedenke der Treue deiner Jugend und der Liebe deiner Brautzeit, wie du mir folgtest in der Wüste, im Lande, da man nicht sät.*"

Weiter erklärt er: „*Denn mein Volk tut eine zwiefache Sünde: mich, die lebendige Quelle, verlassen sie und machen sich Zisternen, die doch rissig sind und kein Wasser geben.*" (Jer 2:13)

Wenn Gottes Volk ihn verließ, verließ es gleichzeitig den Schutz für sich selbst, für sein Land und seine Stadt. Die Stadt war ihm als ein nationales Zentrum der Anbetung und des Dienstes für Gott gegeben worden. Wenn sich die Israeliten also von Gott abwandten und verirrten, dann verspielten sie zwangsläufig das Vorrecht seines Segens. Sie hielten zwar weiterhin Feste und Feiertage, aber ohne Ehrfurcht vor Gott:

> **Weil dies Volk mir naht mit seinem Munde und mit seinen Lippen mich ehrt, aber ihr Herz fern von mir ist und sie mich fürchten nur nach Menschengeboten, die man sie lehrt…** (Jes 29:13)

Weiterhin sagt er: „*Bringt nicht mehr dar so vergebliche Speisopfer! Das Räucherwerk ist mir ein Greuel! Neumonde und Sabbate, wenn ihr zusammenkommt, Frevel und Festversammlung mag ich nicht!*" (Jes 1:13)

In Jesaja 56:7 hatte der Herr über den Tempel gesagt: „*...mein Haus wird ein Bethaus heißen für alle Völker*". In Jeremia 7:11 aber sagt er voller Bestürzung: „*Haltet ihr denn dies Haus, das nach meinem Namen genannt ist, für eine Räuberhöhle? Siehe, ich sehe es wohl, spricht der Herr.*"

Gott wünschte sich ein Volk, das willig war, ihm von ganzem Herzen zu gehorchen. Er verlangte nach einem Volk, das ihn von ganzem Herzen, von ganzer Seele und mit aller Kraft liebte.

Jahre vorher hatte er erklärt:

Höre, Israel, der Herr ist unser Gott, der Herr allein. Und du sollst den Herrn, deinen Gott, liebhaben von ganzem Herzen, von ganzer Seele und mit all deiner Kraft.

Und diese Worte, die ich dir heute gebiete, sollst du zu Herzen nehmen... (5. Ms 6:4–6)

Aber die Herzen der Menschen verhärteten sich sogar noch mehr, und ihre Gottesdienste verkamen zu Ritualen von purem Lippenbekenntnis, ohne Hingabe, die wirklich von Herzen kam. Sie hielten starr an einer frommen, religiösen Fassade und ihren selbstgestrickten Traditionen fest. Gleichzeitig aber versuchten sie, die von Gott eingesetzten Feste zu halten, die richtigen Gebete zu sprechen und die Tieropfer korrekt zu zelebrieren. Aber sie verpaßten die Hauptsache.

Der wahre Zweck der Feste – Gott von ganzem Herzen anzubeten und zu lieben, eine heilige Lebensführung, Liebe und Barmherzigkeit gegenüber dem Nächsten – alles war vergessen. An deren Stelle waren Egoismus, Gier, Gleichgültigkeit und Haß getreten. Alles war eine Attrappe mit einem religiösen Äußeren von Ehrerbietung und Rechtschaffenheit, aber Gott, der die Herzen der Menschen sucht, durchschaute das alles und warnte sein Volk:

Besser dich, Jerusalem, ehe sich mein Herz von dir wende und ich dich zum wüsten Lande mache, darin niemand wohnt! (Jer 6:8)

Stadt der Propheten

Wenn Gott seine Warnungen mitteilte, dann tat er es durch seine Propheten. Jesaja, Jeremia, Hosea, Amos und andere überbrachten das Wort des Herrn direkt dort, wo Israel seine Untreue, seinen Verrat an Gott praktizierte.

Wegen ihres Amtes waren die Propheten nicht gerade die beliebtesten Männer ihres Landes, und manche von ihnen hatten unter grausamen Repressalien zu leiden, doch Gott gab ihnen Kraft, so daß sie manchmal ganz allein gegen die gesamte Nation standhalten konnten (Jer 1:17–19). Gelegentlich mußten die Propheten sogar das gesamte religiöse Etablissement herausfordern. Jeremia sagt:

Denn sie gieren alle, klein und groß, nach unrechtem Gewinn, und Propheten und Priester gehen alle mit Lüge um und heilen den Schaden meines Volks nur obenhin, indem sie sagen: ‚Friede! Friede!', und ist doch nicht Friede. (Jer 6:13–14)

Hosea spricht etwas Ähnliches aus: „*Doch man soll niemand schelten noch zurechtweisen, sondern allein dich, Priester, habe ich zu schelten.*" (Hos 4:4) So brachte Gott die Propheten und Priester vor Gericht. Doch warum?

Mein Volk ist dahin, weil es ohne Erkenntnis ist. Denn du hast die Erkenntnis verworfen; darum will ich dich auch verwerfen, daß du nicht mehr mein Priester sein sollst. Du vergißt das Gesetz deines Gottes; darum will auch ich deine Kinder vergessen. (Hos 4:6)

Wir könnten die Worte aller Propheten durchgehen und würden immer und immer wieder dieselbe Sache entdecken: Das Volk steht mit Gott im Bund, der ihm alle seine Segnungen zur Verfügung stellt. Aber es kann den Nutzen dieser Segnungen nur ernten, wenn es ihm seine Liebe gibt und ihm von ganzem Herzen gehorcht.

Gott sehnt sich nach einem Volk, das ihm von ganzem Herzen dient, aber wenn es gefühllos, teilnahmslos, treulos wird, ist das Volk auf dem Weg nach unten. Gott sagt in Hosea 5:4: *„Ihre bösen Taten lassen nicht zu, daß sie umkehren zu ihrem Gott; denn sie haben* ***einen Geist der Hurerei*** *(einen Geist der Untreue) in ihrem Herzen, und den Herrn kennen sie nicht."*

Gott schickte einen Propheten nach dem anderen, doch die Menschen kehrten immer noch nicht um, bis schließlich das Gericht kam und Jerusalem belagert, überwältigt und zerstört wurde.

Jeremia, der dem Volk prophezeit und es vor dieser Entwicklung gewarnt hatte, bezeugt diese Tragödie. In seinen Klageliedern über Jerusalem trauert er und schreit heraus:

> **Wie liegt die Stadt so verlassen, die voll Volks war! Sie ist wie eine Witwe, die Fürstin unter den Völkern, und die eine Königin in den Ländern war, muß nun dienen.**
> **Es ist von der Tochter Zion aller Schmuck dahin. Ihre Fürsten sind wie Hirsche, die keine Weide finden und matt vor dem Verfolger herlaufen.**
> (Klgl 1:1,6)

Mehr als andere Städte hat Jerusalem solche Erfahrungen durchstehen müssen, denn viele haben versucht, die Stadt einzunehmen.

Jedesmal aber, wenn sie ihr Vertrauen auf den Herrn setzte – so wie in den Tagen des Königs Hiskia –, wurde sie übernatürlich beschützt, sogar vor eindeutig überlegenen Feinden. Aber wenn sie treulos war, verlor sie den Schutz des Bundes, und Jerusalem wurde von seinen Feinden überwältigt, eingenommen, geplündert und geschleift.

Eine ewige Stadt

Seit den Tagen Nebukadnezars haben viele Nationen Jerusalem belagert. Nach den Babyloniern kamen die Perser, danach die Griechen, die Römer, Byzantiner, Moslems, Kreuzritter, Mamelukken, Osmanen, Briten und Jordanier.

Über Jahrhunderte haben Supermächte jedes Zeitalters nach dieser Stadt gegriffen. Sie wollten sie besitzen, benutzen und zerstören, doch schließlich ist jedes Weltreich zugrunde gegangen, das ein Auge auf Jerusalem geworfen hatte, während Jerusalem immer noch steht.

Warum ist das so? Der Herr erklärt es in Sacharja 8:2: *„Ich eifre für Zion mit großem Eifer und eifre um seinetwillen mit großem Zorn."* Jerusalem ist sein Augapfel, und er wacht über die Stadt und schläft und schlummert nicht (Ps 121:4). Gott will nicht, daß sie Schaden erleidet, und er will sie auch nicht verwerfen, weil er diesen Ort für immer mit seinem Namen und seiner Gegenwart in Jerusalem fest verbunden hat.

Wenn sein Volk von Feinden angegriffen wurde – der Grund war immer Untreue und Sünde, es war nicht der Wille Gottes. Deshalb war er jedesmal bereit, sein Volk wieder einzusammeln, wiederherzustellen und zu retten.

> **So spricht der Herr: Ich kehre wieder auf den Zion zurück und will zu Jerusalem wohnen, daß Jerusalem eine Stadt der Treue heißen soll und der Berg des Herrn Zebaoth ein heiliger Berg.**
> **So spricht der Herr Zebaoth: Es sollen hinfort wieder sitzen auf den Plätzen Jerusalems alte Männer und Frauen, jeder mit seinem Stock in der Hand vor hohem Alter...** (Sach 8:3–4)

Gott sagt auch: „*... Jerusalem soll auch fernerhin bleiben an seinem Ort.*" (Sach 12:6)

Eine großartige Zukunft erwartet Jerusalem. Damit ist nicht der Plan der Vereinten Nationen gemeint, sie zur internationalen Stadt dreier Religionen unter der Aufsicht der UNO zu machen. Jerusalem ist die Stadt Gottes, die Hauptstadt Israels und seines Volkes, der Juden.

So spricht der Herr Zebaoth: Ich eifere für Jerusalem und Zion mit großem Eifer und bin sehr zornig über die stolzen Völker; denn ich war nur ein wenig zornig, sie aber halfen zum Verderben. Darum spricht der Herr: Ich will mich wieder Jerusalem zuwenden mit Barmherzigkeit, und mein Haus soll darin wieder aufgebaut werden, spricht der Herr Zebaoth, und die Meßschnur soll über Jerusalem gespannt werden. Und weiter predige und sprich: So spricht der Herr Zebaoth: Es sollen meine Städte wieder Überfluß haben an Gutem, und der Herr wird Zion wieder trösten und wird Jerusalem wieder erwählen. (Sach 1:14–17)

Mit anderen Worten: falls irgendeine Stadt eine Zukunft hat, dann Jerusalem. Wenn irgendeine Stadt zum jüdischen Volk gehört, dann ist es Jerusalem.

Als die Römer im Jahr 70 n. Chr. den Tempel zerstörten, schien alles verloren. Danach geriet die Stadt nacheinander unter die Herrschaft verschiedener heidnischer Völker. Jesus sprach davon, als er über die Stadt Jerusalem prophezeite: Sie (die Juden) werden durch das Schwert fallen und als Gefangene in alle Völker weggenommen werden. Jerusalem wird von den Heiden niedergetreten werden, bis die Zeiten der Heiden erfüllt sind (Lk 21:24).

Stadt des Messias

Genauso wie die Zerstreuung, die Jesus prophezeite, so wird auch die Rückführung durchgeführt werden, und sie hat bereits begonnen. Die Bibel hat verkündet, die Zeit werde kommen, in der Jerusalem nicht länger von den Heiden mit Füßen getreten, sondern als die Hauptstadt der Juden und Israels wiederhergestellt werde.

Als Israel wunderbarerweise wieder eine Nation wurde, ist Jerusalem geteilt worden. Ost-Jerusalem kam unter jordanische (moslemische) Herrschaft, und den Juden wurde verboten, die Westmauer (Klagemauer) zum Gebet aufzusuchen.

1967, neunzehn Jahre später, nach dem Sechs-Tage-Krieg wurde Jerusalem wieder zu einer Stadt vereinigt. Heute ist sie die Hauptstadt Israels, und trotz aller Drohungen der moslemischen Welt wird Israel niemals der Forderung nach einer erneuten Teilung Jerusalems nachgeben.

Wie schon erwähnt, halten die Moslems Jerusalem für eine heilige Stadt, obwohl sich dafür im Koran keine echte Bestätigung findet. Diese Legende kam erst später auf, damit für eine religiöse Motivation für die Kontrolle der Stadt gesorgt war.

Dies ist der Kernpunkt moslemischer Aggression gegen Israel. Die Moslems wollen um jeden Preis die politische und geistliche Kontrolle über Jerusalem erringen. Warum? Weil Jerusalem in der Zukunft eine wesentliche Rolle zu spielen hat, und der Islam will das verhindern. Jerusalem ist die Stadt Abrahams, Davids und der Propheten, aber vor allem ist es die Stadt des Messias. Jerusalem ist es, wohin der Messias zurückkehren wird. Er wird dort regieren und herrschen. Ohne den Messias würde Jerusalem keine besondere Bedeutung haben. Sie wäre einfach wie jede andere Stadt, und dann wäre Jerusalem nichts anderes als ein interessantes Museum für drei Religionen.

Deshalb wollen die Leute, die Jerusalem nur mit ihrem Menschenverstand sehen, daß es unter UN-Gerichtsbarkeit gestellt wird und daß die Forderungen der verschiedenen Religionen für ihre heiligen Stätten erfüllt werden. Doch dies ist nicht Jerusalems Zweck oder Bestimmung.

Jerusalem ist die Stadt des größten Königs. Sie ist Schauplatz für den Höhepunkt und das Ende dieses Zeitalters und für den Beginn des nächsten – das Zeitalter des Messias. Jerusalem ist das Zentrum jeder wahren geistigen Aktivität auf der Welt. Rom, London, New York oder Los Angeles, keine von diesen ist das Zentrum, sondern allein Jerusalem.

Je näher die Letzten Tage rücken, desto mehr wird Jerusalem Aufmerksamkeit und Gedanken von Männern und Frauen auf sich ziehen. Schon jetzt hören wir mehr über den Nahen Osten und Jerusalem als über irgendein anderes politisches Thema. Jedes Land und fast jede Person hat irgendeine Meinung über Jerusalem. Eines Tages werden alle Augen nach Jerusalem blicken, und die Bibel sagt uns, was dann geschehen wird.

Stadt mit Bestimmung

Von 70 n. Chr., dem Jahr der Zerstörung des zweiten Tempels, bis heute hat Gott der heidnischen Welt durch die Predigt des Evangeliums seine Gnade angeboten. In der Bibel folgt jeder Periode der Gnade eine Periode des Gerichts. Gott wird die heidnischen Nationen danach beurteilen, wie sie das jüdische Volk während der Zeit seiner Diaspora behandelt haben. Schauplatz dieses Gerichts wird Jerusalem sein.

Die Zeit wird kommen, da werden die heidnischen Nationen zunächst Israel ihre Unterstützung entziehen, dann werden sie sie isolieren und zuletzt werden sie Israel und Jerusalem gemeinsam angreifen. Der Golf-Krieg im Jahre 1991 war eine Generalprobe für einen solchen Angriff: Kann man viele verschiedene Nationen für einen gemeinsamen Angriff auf ein einziges Land vereinigen? Ja, es hat funktioniert.

Der Irak wurde besiegt von einer Koalition von Ländern, die normalerweise verfeindet sind, wie etwa Syrien und die USA. Wie wurden sie so plötzlich Freunde? Welche Abmachungen hatten sie getroffen? Warum haben sie die Palästinafrage so unmittelbar nach dem Sieg am Golf aufgegriffen? Welche Forderungen hatten die Araber in bezug auf Israel gestellt, bevor sie sich an der militärischen Koalition im Golf-Krieg beteiligten?

Weshalb drängten Präsident Bush und sein Staatssekretär James Baker bei ihren Verhandlungen Israel so sehr, die West Bank aufzugeben; und warum die strikte Weigerung, Israel neue Darlehen zu garantieren?

Zwei Dinge sind bemerkenswert: Erstens ist man in den USA zunehmend enttäuscht, daß Israel sich weigert, sich in die Pläne für eine neue Weltordnung zu fügen. Zweitens übt die arabische Welt Druck auf die USA aus, ihre Unterstützung für Israel zu beenden. Dies kann nur ein Ergebnis haben: den Niedergang der USA.

Keine Supermacht, die Israel den Rücken kehrte, hat jemals überlebt. Großbritannien hatte seine historische Chance, das jüdische Volk am Ende des Zweiten Weltkrieges zu segnen, stattdessen hat es aber der jüdischen Einwanderung aktiv entgegengewirkt. Juden, die gerade die Hölle der Konzentrationslager überlebt hatten, wurden in Gefangenenlagern auf Zypern interniert oder gegen ihren Willen zurück nach Deutschland transportiert.

Als schließlich die UN entschieden, das Mandatsgebiet Palästina zu teilen, stellten sich die Briten auf die Seite der Araber – gegen Israel. Sie konnten die Geburt des Staates Israel nicht aufhalten und verloren ihr gesamtes Empire und ihre Rolle als Weltmacht.

Dasselbe wird mit den USA geschehen. Bislang haben sie Israel unterstützt und sind gesegnet worden, doch Bush und Baker haben eine andere Politik eingeleitet, die verhängnisvolle Folgen für die USA haben wird.

Zu Bushs Gebets-Frühstückstreffen sind immer viele christliche Pastoren und Politiker eingeladen worden, doch seine Romanzen mit den Arabern gingen so weit, daß er die gleichzeitige Anwesenheit von mindestens einem moslemischen Ajatollah verlangte.

Schon 1981 gab es eine Prophetie, daß der Mann, der 1989 zum Präsidenten der USA gewählt werden würde, zu einem Feind Israels werden sollte. Jahre später bekam dann Israel eine Kälte in der Haltung der USA zu spüren, wie es sie nie zuvor gegeben hat.

Zur selben Zeit wurde ganz in der Nähe geprobt, was Sacharja lange Zeit zuvor prophezeit hatte. Mehrere Staaten hatten sich gegen Israel zusammengetan; in Zukunft aber wird es gegen Jerusalem gehen.

Siehe, ich will Jerusalem zum Taumelbecher zurichten für alle Völker ringsumher, und auch Juda wird's gelten, wenn Jerusalem belagert wird. Zur selben Zeit will ich Jerusalem machen zum Laststein für alle Völker. Alle, die ihn wegheben wollen, sollen sich daran wund reißen; denn es werden sich alle Völker auf Erden gegen Jerusalem versammeln.
(Sach 12:2–3)

Eine beschützte Stadt

An diesen Worten können wir ablesen, daß die Zeit näherrückt, in der sich alle Nationen gegen Israel versammeln werden. Aber sie werden keinen Erfolg haben. Gott beschützt und verteidigt Israel – und seine Pläne werden den Sieg bringen.

Die Haltung gegenüber Jerusalem wird immer feindseliger werden, der Anti-Semitismus wird in gleichem Maß zunehmen, und Israel und Jerusalem werden zunehmend isoliert. Israels Weigerung, humanistisch-politische Programme und Bestrebungen zu akzeptieren, werden zahlreiche Länder – wie z. B. die USA – verbittern und verärgern.

Da gibt es andere Länder, z. B. Syrien, die Israel ganz einfach ausradieren möchten, politisch aber dazu nicht in der Lage sind. Es wird viele Gründe für eine gemeinsame Front gegen Israel geben, doch Gottes Plan ist völlig anders:

> **Denn siehe, in jenen Tagen und zur selben Zeit, da ich das Geschick Judas und Jerusalems wenden werde, will ich alle Heiden zusammenführen und sie ins Tal Joschafat hinabführen und will dort mit ihnen rechten wegen meines Volks und meines Erbteils Israel, weil sie es unter die Heiden zerstreut und sich mein Land geteilt haben.** (Joel 4:1–2)

Was so aussieht wie eine politisch-militärische Lösung für den Konflikt im Nahen Osten, wird sich letztendlich als das Gericht über alle Nationen entpuppen. Wenn Gott dann Gericht hält, wird das Zeitalter der Heiden mit ihrer Macht über das Land Israel und das jüdische Volk zu Ende gehen.

Was wird dann geschehen? Sacharja sagt uns, daß an dem Tag, über den viele Propheten gesprochen haben – an dem Tag des Gerichts des Herrn über die Nationen –, der Messias auf dem Ölberg in Jerusalem stehen wird.

Und seine Füße werden stehen zu der Zeit auf dem Ölberg, der vor Jerusalem liegt nach Osten hin. Und der Ölberg wird sich in der Mitte spalten, vom Osten bis zum Westen, sehr weit auseinander, so daß die eine Hälfte des Berges nach Norden und die andere nach Süden weichen wird. (Sach 14:4)

Und Sacharja sagt uns auch, daß sich die Stadt Jerusalem verändern wird:

Zu der Zeit werden lebendige Wasser aus Jerusalem fließen, die eine Hälfte zum Meer im Osten und die andere Hälfte zum Meer im Westen, und so wird es sein im Sommer und im Winter.
Und der Herr wird König sein über alle Lande. Zu der Zeit wird der Herr der einzige sein und sein Name der einzige. (Sach 14:8–9)

Hauptstadt der Welt

Die Zeit wird kommen, in der Gott über die ganze Erde von ihrem Zentrum, ihrer Hauptstadt Jerusalem aus regieren wird. Für das jüdische Volk wird die Herrschaft des Messias Sicherheit und Erleichterung bedeuten: „*Und man wird darin wohnen; es wird keinen Bann mehr geben, denn Jerusalem wird ganz sicher wohnen.*" (Sach 14:11)

Doch was hat dies für die Heiden zu bedeuten?

Und alle, die übriggeblieben sind von allen Heiden, die gegen Jerusalem zogen, werden jährlich heraufkommen, um anzubeten den König, den Herrn Zebaoth, und um das Laubhüttenfest zu halten. (Sach 14:16)

Die Ereignisse können folgendermaßen zusammengefaßt werden:

1. Die Völker werden Jerusalem angreifen.

2. Mit Gottes Hilfe wird Jerusalem verteidigt, die Nationen werden besiegt.
3. Der Messias kehrt zurück.
4. Die heidnischen Nationen werden von Gott gerichtet.
5. Der König Messias regiert in Jerusalem.
6. Das Haus Gottes, der Tempel, wird wiedererrichtet (s. Sach 14:21; Hes 40-48)
7. Israel wird zu einem Volk von Priestern Gottes geweiht.
8. Die Nationen ziehen nach Jerusalem, um dort zu beten, Gottesdienst zu feiern und Offenbarung und Unterweisung zu empfangen.
9. Jerusalem wird das Zentrum für alle Angelegenheiten dieser Welt, der Tempel und der Messias werden zum Brennpunkt Jerusalems.

Jerusalem! Was für eine Zukunft! Keiner anderen Stadt sind jemals solche Verheißungen oder solch eine Zukunft zugesagt worden. Darüber hinaus sagt das Buch der Offenbarung, daß Jerusalem nach dem messianischen Jahrtausend noch einmal endgültig umgestaltet werden wird. Dann wird Gottes Erlösungsplan vollendet sein, und Verheißungen Gottes – die für Abraham und alle weiteren – werden erfüllt sein.

Und ich sah einen neuen Himmel und eine neue Erde; denn der erste Himmel und die erste Erde sind vergangen, und das Meer ist nicht mehr. Und ich sah die heilige Stadt, das neue Jerusalem, von Gott aus dem Himmel herabkommen, bereitet wie eine geschmückte Braut für ihren Mann. (Offb. 21:1–2)

Eine heilige Stadt

Ewigkeit – das ist die himmlische Hoffnung; nicht allein die Herrschaft des Messias, sondern Zustand und Bedingung der Ewigkeit. Wenn Sünde und Tod, all die Attribute dieses Zeitalters und all seine Werke, wenn diese alte Erde mit ihren Königreichen und Städten vergangen ist, wird Jerusalem weiterbestehen – allerdings in einer neuen Gestalt.

Wie wird die himmlische Stadt sein? Glückselig, herausragend und alles menschliche Denken übersteigend! Und denen, die meinen, das Ende des jüdischen Volkes sei nahe, steht eine Überraschung in Gestalt dieser himmlischen Stadt bevor:

> **Und er führte mich hin im Geist auf einen großen und hohen Berg und zeigte mir die heilige Stadt Jerusalem herniederkommen aus dem Himmel von Gott, die hatte die Herrlichkeit Gottes; ihr Licht war gleich dem alleredelsten Stein, einem Jaspis, klar wie Kristall; sie hatte eine große und hohe Mauer und hatte zwölf Tore und auf den Toren zwölf Engel und Namen darauf geschrieben, nämlich die Namen der zwölf Stämme der Israeliten…** (Offb 21:10–12)

Die Juden werden also auch im Himmel sein. Die Namen der Stammespatriarchen sind über den zwölf Toren des neuen, himmlischen Jerusalems eingraviert. Die Natur Gottes ist ewig, seine Pläne sind ewig, seine Stadt und sein Volk werden ewig bestehen: *„Denn ich habe dich je und je geliebt, darum habe ich dich zu mir gezogen aus lauter Güte."* (Jer 31:3)

Jerusalem und die Juden haben für immer einen zentralen Platz in Gottes weltweitem Heilsplan. Sie haben Gottes Offenbarung durch die Geschichte getragen und den Dienst im Tempel getan. Es waren die Juden, die für Israel und Jerusalem, ihre Stadt, gesorgt haben. Durch sie kam der Messias, der Sohn Davids, der große König: Von ihrer Stadt, von Jerusalem aus wird er in Frieden und Gerechtigkeit über die ganze Welt regieren.

Wir werden alle Verheißungen für Jerusalem erfüllt sehen. Jerusalem ist der Teil des Bildes, der es vollständig, bedeutungsvoll und wunderschön machen wird. Und so verwundert es nicht, daß die krönenden Worte des prophetischen Buches Hesekiels lauten: „*...Und alsdann soll die Stadt genannt werden, ‚Hier ist der Herr'.*" (Hes 48:35)

Gott selbst, sein Heil, seine Pläne und seine Herrlichkeit sind für immer an Jerusalem gebunden.

8

Ruts Entscheidung

Israel ist das Land der Zukunft, und die Juden sind das Volk der Zukunft, nicht weil sie besser wären als andere Völker – vor Gott sind alle gleich –, sondern wegen der Berufung, die Gott ihnen gegeben hat. Sie bedeutet Segen für jedes Volk, aber sie ruft auch Widerstand, Vorurteile und Böses hervor.

Das Land – ein Schutz für das Volk

Die schlimmsten Grausamkeiten der Menschheit sind fortwährend am jüdischen Volk verübt worden. Sie waren verstreute, verachtete Flüchtlinge ohne Land. Jetzt ist die Situation anders. Die Juden haben Erez Jisrael – ein Land, in das sie zurückkehren können.

Man denke an die vielen Juden, die sich gesagt haben: „Wenn wir nur irgendwo ein Land gehabt hätten, dann hätte der Holocaust nie geschehen können." Der Holocaust war ein schrecklicher Alptraum, aber er hat immerhin dazu beigetragen, daß der Staat Israel Realität wurde und die Juden wieder den Heimweg antreten konnten. So ist es einleuchtend, daß Israel der bestmögliche Schutz gegen den Anti-Semitismus ist.

Trotzdem – die Feindschaft bleibt. Der Anti-Semitismus hat eine neue Gestalt angenommen, er wurde zum Anti-Zionismus. Man kann Anti-Semiten sagen hören: „Ich habe nichts gegen Juden, aber ich mag Israel bzw. den Zionismus nicht." – Als könnte man das Land und sein Volk voneinander trennen. Das ist unmöglich, sie sind durch die Verheißungen Gottes untrennbar miteinander verbunden. Anti-Zionismus ist lediglich Anti-Semitimus in einer anderen Verkleidung.

Das verheißene Land

Wie sollten Nichtjuden auf Israel und das jüdische Volk reagieren? Was sollten sie über sie denken und ihnen gegenüber empfinden? Ist Israel lediglich der Schauplatz religiöser Geschichte? Ist es ausschließlich ein Museum voller heiliger Stätten für Leute, die es nur für einige Tage zur Erbauung besuchen? In diesem Fall wäre es egal, ob das Land zu Jordanien gehörte, ob es Palästina genannt oder von den UN verwaltet würde. Es wäre nicht mehr als ein religiöser Brennpunkt für verschiedene Religionen.

Aber so ist das nicht. Das Land ist für immer mit dem Volk, den Verheißungen und mit Gott selbst verbunden. All die Verheißungen, von denen nur ein Bruchteil in diesem Buch erwähnt werden konnten, gelten auch genauso für die Zukunft, und die ist überaus wichtig für beide: für das Volk und für das Land. Wenn jemand die Entstehung des Staates Israel für reinen Zufall hält, dann offenbart das hochgradige Ignoranz und Mangel an Bereitschaft, die prophetischen Schriften verstehen zu wollen.

Die Existenz Israels als moderne Nation ist ein echtes Wunder, und die Erfüllung der Prophetien bestätigt die Zuverlässigkeit von Gottes Wort. Man muß nicht unbedingt ein palmzweigwedelnder

Romantiker werden, der jedesmal in Verzückung gerät, wenn er den Namen Israel hört oder einem Juden begegnet! Viele Israel-Romantiker sind enttäuscht, wenn sie entdecken, daß Israel ein Land wie andere Länder auch ist, und daß das Volk ähnliche Probleme und Schwierigkeiten hat wie andere Völker auch.

Wir brauchen heutzutage nicht Romantik und Sentimentalität, sondern ein realistisches Verständnis von Israel – damit man sich klar und eindeutig für eine feste Freundschaft entscheiden kann.

Für oder gegen Israel

Israel läßt niemanden unberührt. Wie weltlich Menschen auch sein mögen, das Land Israel und sein Volk weisen jeden nicht nur auf die Existenz Gottes hin, sondern auch auf seine Pläne und Verheißungen für die ganze Menschheit.

Israel hat etwas Unausweichliches, Überzeugendes an sich und auch etwas, das einen zwingt, Position zu beziehen. Die Frage ist: „Wo stehst du?"

Quer durch die ganze Bibel kann man von Nichtjuden lesen, die Israel gesegnet haben, und auch die Geschichte liefert viele Beispiele. Orde Wingate und Raoul Wallenberg sind zwei von ihnen. Wir haben es allerdings nicht mit Heldenfiguren zu tun, sondern mit ganz gewöhnlichen Menschen und ihren Entscheidungen. Jeder von uns muß sich entscheiden, und je mehr Zeit vergeht, desto wichtiger und ernster wird das.

Als die Juden zu Tausenden in die Konzentrationslager getrieben wurden, waren nur wenige Außenstehende darauf vorbereitet, ihnen zur Seite zu stehen. Die Mehrheit senkte ihre Köpfe oder sah weg. Die Philosophie der Scham herrschte, und viele hüllten sich in Schweigen, vom Gewissen geplagt. Aber im Grunde hatten auch sie Position bezogen, obwohl sie schwiegen und zu keinem Protest bereit waren. Niemand kann neutral bleiben, das Leben ist nicht neutral.

Vor einiger Zeit begegnete ein Freund von mir in Österreich einem ehemaligen SS-Mann. Nervös holte der Fotos aus seinen Tagen als junger Soldat an der Ostfront hervor. Schuldbeladen und sich rechtfertigend erzählte er von Judenverfolgungen, Festnahmen und Hinrichtungen: „Ich war mir gar nicht klar darüber, ich war doch damals noch so jung. Alle haben mitgemacht..."

Aber sein Leben war ruiniert, und die Erinnerungen hatten ihn seitdem nicht mehr losgelassen. Er war ein gehetzter Mann und schien fortwährend nach Menschen zu suchen, die ihn von seinen Erinnerungen befreien und ihm sagen könnten, es sei alles in Ordnung oder nur ein böser Traum.

Trotz aller Beteuerungen, daß so etwas nie wieder geschehen könne, gibt es noch immer die Gefahr eines neuen Holocausts. Verrückte leugnen das, andere vergessen es einfach nur. Doch der arabische Anti-Semitismus ist so unversöhnlich und unnachgiebig wie eh und je, während im Westen kühle Gleichgültigkeit üblich ist. Unter Christen ist die Ersetzungs-Theologie mit ihrem manchmal verborgenen und manchmal lautstarken Anti-Semitismus in einigen Kreisen weitverbreitet.

Sogar bei denen, die sagen, sie segneten Israel, kann man tiefe Unwissenheit und manchmal eine alarmierende Gleichgültigkeit finden. „Wir haben so viel anderes zu bedenken", sagen sie „so viel anderes, mit dem man sich auch beschäftigen muß, ist doch klar!"

Aber wenn du gesegnet werden willst, mußt du segnen, was Gott segnet, und er segnet Israel. Wenn du Segen willst, mußt du das Wichtigste an die erste Stelle setzen, nämlich das, was Gott an die erste Stelle setzt. Gottes Prioritäten sind sein Land, sein Volk und sein Erlösungsplan.

Rut – ein Beispiel

Das Buch Rut beschreibt eine nichtjüdische Frau, eine Moabiterin. Der Bericht beginnt zur Zeit einer großen Hungersnot in Israel. Eine Frau mit Namen Naomi hatte mit ihrem Mann und ihren Söhnen Bethlehem verlassen und war in das Land Moab gezogen, um sich dort niederzulassen. Sie waren durch Dürre und Hungersnot entwurzelt und verstreut worden, genau wie viele Tausende von Juden in späteren Jahren über die Welt verstreut wurden.

Während dieser Zeit heirateten Naomis Söhne moabitische Frauen, und ihr eigener Ehemann starb. Die Familie hatte sich angepaßt, so wie viele andere Juden sich in späteren Jahren in den Ländern ihrer Diaspora angepaßt haben. Schließlich starben auch Naomis Söhne, so wie viele Juden während der jahrhundertelangen Diaspora fern von Zion gestorben waren.

Und dann hörte Naomi, *daß der Herr sich seines Volkes angenommen und ihnen Brot gegeben hatte* (Rut 1:6). So ähnlich ist es auch heute: Viele Juden haben gehört, daß Gott gekommen ist, um seinem Volk zu helfen, und begonnen hat, es zurückzuführen.

Naomi beschloß, in ihr Land und in ihre Heimatstadt zurückzukehren. Ihre zwei Schwiegertöchter Rut und Orpa begleiteten sie dabei auf der ersten Etappe der Reise. Dann stellte sie ihnen frei, in ihr Heimatland zurückzukehren. Orpa kehrte um, Rut aber kam mit.

Sie aber sprach: Siehe, deine Schwägerin ist umgekehrt zu ihrem Volk und zu ihrem Gott; kehre auch du um, deiner Schwägerin nach. Rut antwortete: Rede mir nicht ein, daß ich dich verlassen und von dir umkehren sollte. Wo du hingehst, da will ich auch hingehen; wo du bleibst, da bleibe ich auch. Dein Volk ist mein Volk, und dein Gott ist mein Gott. Wo du stirbst, da sterbe ich auch, da will ich auch begraben werden. Der Herr tue mir dies und das, nur der Tod wird mich und dich scheiden. (Rut 1:15–17)

Wähle den Segen

Dies war Ruts Entscheidung, und ihre Wahl machte folgendes deutlich: Erstens war ihr klar, daß Naomi, eine Jüdin, in ihrem eigenen Land leben müßte. Zweitens erkannte sie, daß der Gott Naomis der lebendige Gott war, und schließlich, daß Naomis Volk ihr Volk sein sollte.

Aber Rut war Moabiterin, also von Geburt keine Jüdin. Als einer Moabiterin stand es ihr frei, sich für oder gegen die Juden zu entscheiden. Sie konnte sie segnen oder verfluchen, sie unterstützen, ihnen helfen oder sich gleichgültig verhalten, sich mit anderen Dingen beschäftigen und ihre eigenen Wege gehen. Aber Rut wählte den Segen und wurde selbst gesegnet. Von ihr stammt David ab, ein zukünftiger König Israels und ein Abbild des Messias.

Diese Entscheidung war der Grund, weshalb Rut einen bedeutenden Platz in Gottes fortlaufender Offenbarung seiner selbst bekam. Sie war ein unentbehrliches Werkzeug, ein Teil seines umfassenden Plans. Sie konnte aber so lange kein Segen sein, bis sie selbst ihre Wahl getroffen hatte.

Sie überlegte sich die ganze Angelegenheit sehr sorgfältig, bevor sie ihre Entscheidung traf. Und die war so radikal, daß sie ihr

Leben veränderte, ihre Zukunft, ihren Wohnort, ihre Art zu leben; kurz gesagt: alles. Es war keine übereilte, gefühlsmäßige Entscheidung, sondern sie beruhte auf lebenslanger Hingabe.

Genau solch eine Entscheidung haben auch wir heute zu treffen, auch die christliche Gemeinde insgesamt. Wir stehen an der Schwelle zu dieser Wahl.

Wir können mit Orpa zurückkehren und uns dem Einfluß und dem Geist dieser Welt mit all ihren Meinungen und Attitüden unterordnen – manche werden das leider auch tun. Ihre Wahl wird sich in wachsender Kälte Israel gegenüber und in leichtfertiger Verharmlosung des Anti-Semitismus äußern. Schließlich werden diese Leute zu religiösen Spielbällen im Spiel gegen Israel und gegen Gott werden.

Wir können aber auch Ruts Weg wählen. Das hieße gleichzeitig: anerkennen, daß das Land Israel den Juden gehört. Das bedeutet auch: Der Gott Abrahams, Isaaks und Jakobs ist auch unser Gott, und seine Worte und Verheißungen in der Bibel haben auch heute ihre absolute und unmittelbare Bedeutung. Es bedeutet auch: Die Gemeinde muß die Sache der Juden zu ihrer eigenen machen.

Selbst wenn manche sich zurückziehen und klein beigeben, nach dieser Entscheidung wird Israel dann doch wissen, daß es Freunde hat – und zwar echte Freunde, die Israel nicht fallenlassen. Diese Freunde werden motiviert sein durch Gottes Wort, seine Verheißungen und seine Liebe, die er in ihre Herzen ausgießt. Diese Liebe fragt nicht nach Gegenleistung, sie ist nicht hinterlistig oder berechnend. Sie ist eine selbstlose Liebe, die nicht von Gegenliebe abhängig ist, sondern motiviert durch Gottes Treue zu seinem Volk und seinen Verheißungen.

Was ist der nächste Schritt, wenn du deine Entscheidung getroffen hast?

a) Bete für den Frieden Jerusalems. *„Wünschet Jerusalem Glück! Es möge wohlgehen denen, die dich lieben! Es möge Friede sein in deinen Mauern und Glück in deinen Palästen! Um meiner Brüder und Freunde willen will ich dir Frieden wünschen. Um des Hauses des Herrn willen, unseres Gottes, will ich dein Bestes suchen."* (Ps 122:6–9)

b) Segne die Nachkommen Abrahams. *„Ich will segnen, die dich segnen, und verfluchen, die dich verfluchen; und in dir sollen gesegnet werden alle Geschlechter auf Erden."* (1. Ms 12:3)

c) Tröste, unterstütze und ermutige das Volk Gottes. *„Tröstet, tröstet mein Volk! spricht euer Gott. Redet mit Jerusalem freundlich und prediget ihr, daß ihre Knechtschaft ein Ende hat, daß ihre Schuld vergeben ist; denn sie hat doppelte Strafe empfangen von der Hand des Herrn für alle ihre Sünden."* (Jes 40:1.2)

d) Wende dich gegen jede Form von Anti-Semitismus und Anti-Zionismus, durch Verbreitung korrekter Information über Israel und das jüdische Volk: *„…so rühme dich nicht gegenüber den Zweigen. Rühmst du dich aber, so sollst du wissen, daß nicht du die Wurzel trägst, sondern die Wurzel trägt dich."* (Röm 11:18)

e) Unterstütze Israel und die Rückführung des jüdischen Volkes finanziell: *„Die Inseln harren auf mich und die Tarsisschiffe vor allem, daß sie deine Söhne von ferne herbringen samt ihrem Silber und Gold für den Namen des Herrn, deines Gottes, und für den Heiligen Israels, der dich herrlich gemacht hat. Fremde werden deine Mauern bauen, und ihre Könige werden dir dienen. Denn in meinem Zorn habe ich dich geschlagen, aber in meiner Gnade erbarme ich mich über dich."* (Jes 60:9–10)

„Fremde werden hintreten und eure Herden weiden, und Ausländer werden eure Ackerleute und Weingärtner sein." (Jes 61:5)

Wenn die Gemeinde erkennt, daß sie ihren Platz im Gebet und in der Unterstützung Israels hat, dann wird Gott noch bessere Bedingungen für die Vollendung seines Werkes mit Israel vorfinden. Das heißt allerdings, daß die Gemeinde sich ändern muß, und Israel auch.

Petrus hatte Schwierigkeiten zu verstehen, daß das Evangelium unter den Heiden verbreitet werden sollte; so wird es vielen Christen auch ergehen, wenn die Initiative an das jüdische Volk zurückgeht. Doch wer auf den Geist hört und in den Schriften forscht, wird sehen, wie alle Dinge zusammenkommen und sich auf ihr vorhergesagtes Ende zubewegen. Gottes Plan für die Juden wird wundervoll vollendet werden.

Anhang

Wichtige Jahre in der Geschichte Israels

	vor Christus
1400 – 1200	Einwanderung der Stämme Israels
ca. 1000	König Sauls Regierung
1004 – 975	König Davids Regierung
975 – 926	König Salomos Regierung
925	Das Königreich wird geteilt in: Israel (Nordreich) und Juda (Südreich)
722	Israel wird eine asiatische Provinz.
587	Juda wird von den Babyloniern erobert.
166	Makkabäer-Aufstand – neuer jüdischer Staat
	nach Christus
70	Jerusalem und der Tempel werden von den Römern zerstört.
132 – 135	jüdischer Aufstand unter Bar Kochba – Roms Sieg
351	jüdischer Aufstand
438	Kaiserin Eodikea erlaubt den Juden, zum Jerusalemer Tempelberg zurückzukehren.
614	Persisches Weltreich
628	byzantinische Periode
633 – 637	arabische (islamische) Übernahme; jüdischer Versuch zur Wiedererrichtung des Staates
	Zwischenperiode: Ein islamischer Zeitabschnitt
1099 – 1291	die Kreuzzüge zum Heiligen Land
1187	Saladin verschafft dem Islam in den meisten Teilen des Landes eine Vormachtstellung
1244	Kharegmians (Dschingis Khan)
1260	Mamelukkenherrschaft

1260	Die Mongolen versuchen, die Macht zurückzuerobern.
1517 – 1917	400 Jahre osmanische (türkische) Herrschaft über das gesamte Land.

Das 20. Jahrhundert

1897

Der erste Zionistische Kongreß wird in Basel abgehalten.

1917-1920

Britisches Mandat. Das Britische Weltreich siegt 1917 über die Türken (Osmanen) und bekommt dabei das Heilige Land.

1917

Die Briten geben die Balfour-Erklärung ab, in der den Juden der Besitz Palästinas zugesagt wird.

1919

Die Briten werden vom Völkerbund (Vorläuferorganisation der Vereinten Nationen) beauftragt, Palästina als jüdischen Staat wiederherzustellen. Der Wunsch nach Erdöl verändert die britische Außenpolitik.

1921

75 Prozent des Mandatsgebietes Palästina werden zu einem arabischen Staat (Jordanien).

1947

Die Briten verlassen Palästina ohne eine erfolgreiche Lösung der arabisch-israelischen Frage. Die UN schlagen einen Teilungsplan für die verbleibenden Gebiete vor. Drei nicht miteinander verbundene Gebiete – ausschließlich Jerusalems – werden den Juden gegeben und drei an die Araber. – Nur die Juden akzeptieren den Plan.

14. Mai 1948

Ende des britischen Mandats. Die Juden erklären ihre Unabhängigkeit und gründen ihren Staat Israel.

15. Mai 1948

Der Unabhängigkeitskrieg: Ägypten, Syrien, Irak und Libanon greifen den neugegründeten Staat an.

3. Juni 1949

Ein Waffenstillstand wird vereinbart. Israels Staatsgebiet ist jetzt etwas größer, als es der UN-Teilungsplan vorsah. Jordanien okkupiert Samaria und Judäa (die West Bank) und hält diese Gebiete 19 Jahre besetzt. Das Sinai-Gebiet, das Israel eingenommen hatte, wird im Zuge der Friedensverhandlungen im Jahre 1949 zurückgegeben. Der Sinai war kein ägyptisches Territorium, sondern unter ägyptischer Militärverwaltung, wie auch der Gazastreifen.

1956

Ägypten annektiert den Suez-Kanal. Briten und Franzosen greifen Ägypten an. Ägypten rekrutiert Feddajin (palästinensische Araber), um Terroranschläge gegen zivile israelische Ziele auszuführen. Israel beteiligt sich an dem Versuch der alliierten Truppen, den ägyptischen Terrorismus zu stoppen. Israel nimmt den Gazastreifen und den Sinai ein, hat sich aber gemäß dem Waffenstillstandsabkommen zurückzuziehen. In den betreffenden Gebieten werden UNO-Friedenstruppen stationiert.

1964

In Kairo wird von Ägypten, Syrien und Irak die PLO gegründet. Ihr Ziel: Israel bekämpfen.

1967

Der Sechstagekrieg. Nasser schließt die internationale Wasserstraße, den Golf von Akaba, und blockiert damit Israels Handel mit Afrika über Eilat. Israel hat bereits verlautbart, daß es die

Aktion nicht dulden werde und greift deshalb Ägypten an. Am ersten Tag wird die Hälfte der ägyptischen Luftstreitkräfte außer Gefecht gesetzt. Als die UN-Friedenstruppen den Sinai verlassen, stehen die ägyptischen Streitkräfte bereits an Israels Grenzen.

Syrien erobert die Golan-Höhen zurück, die für uneinnehmbar gehalten wurden. Die Hügel am See Genezareth sind durchschnittlich 400 Meter hoch, die Berge im Norden 2800 Meter. Die Israelis sind Ziel fortwährenden Terrors, und deswegen leben bis 1967 Kinder in Bunkern. Israel ist im Nordosten gegen Syrien zunächst in der Defensive, aber als am dritten Tag der ägyptische Druck weicht, wird Syrien angegriffen. Israel hatte versprochen, Jordanien nicht anzugreifen, wenn es sich zurückhalten würde. Trotzdem greift Jordanien am zweiten Tag Israel an. Israel schlägt zurück, und der Irak unterstützt Jordanien. Kooperation der arabischen Länder: Saudi Arabien, die arabischen Emirate, Libyen, Algerien und Marokko unter Mithilfe sowjetischer Militärberater. Am vierten Tag stößt Israel erfolgreich in die Jerusalemer Altstadt vor und hat jetzt die Golan-Höhen, Samaria, Judäa (die West Bank), die Sinai-Halbinsel und Ostjerusalem erobert.

August 1967

Die arabischen Länder tagen in Khartoum und formulieren, daß ihre Beziehungen zu Israel auf drei negativen Prinzipien beruhen sollen:

1. kein Frieden mit Israel;

2. keine Verhandlungen mit Israel;

3. keine Anerkennung Israels.

1969-1970

Zermürbungskrieg entlang des Suez-Kanals

Oktober 1973

Jom-Kippur-Krieg. Ein Angriff an einem der höchsten Feiertage gegen Israel, dessen Armee während des Laubhüttenfestes kaum einsatzfähig war. Zu Beginn stand ein Israeli 20 Syrern und standen 70 israelische Panzer 1200 syrischen gegenüber. Jordanien nimmt nicht an den Kämpfen teil, unterstützt aber die Araber. Nach drei bis vier Wochen hat Israel die Überlegenheit und gewinnt nach dem Krieg mehr Land dazu.

1979

Friedensvertrag mit Ägypten, in dessen Folge Israel die Sinai-Halbinsel schrittweise zurückgibt.

1980

Israel bombardiert ein Atomkraftwerk im Irak, um die Produktion von Atombomben zu stoppen.

1982

Israel marschiert in den Süd-Libanon ein und umzingelt Beirut mit dem Ziel, die Hauptquartiere der PLO zu zerstören, ihre Waffen zu erobern und den fortwährenden Angriffen auf das Gebiet des nördlichen Galiläa ein Ende zu machen.

Dezember 1987

Die Intifada beginnt.

1991

Der Irak greift Israel an.

Januar 1997

Israel übergibt fast ganz Hebron, die einzig übriggebliebene Stadt in der ganzen Region von Judäa und Samaria, an die palästinensischen Behörden.

Frühjahr 1997

Die schärfsten Zusammenstöße zwischen Israel und den Palästinensern seit Beginn des Friedensprozesses, wegen Israels Entscheidung, im Südosten Jerusalems einen neuen Vorort zu bauen.

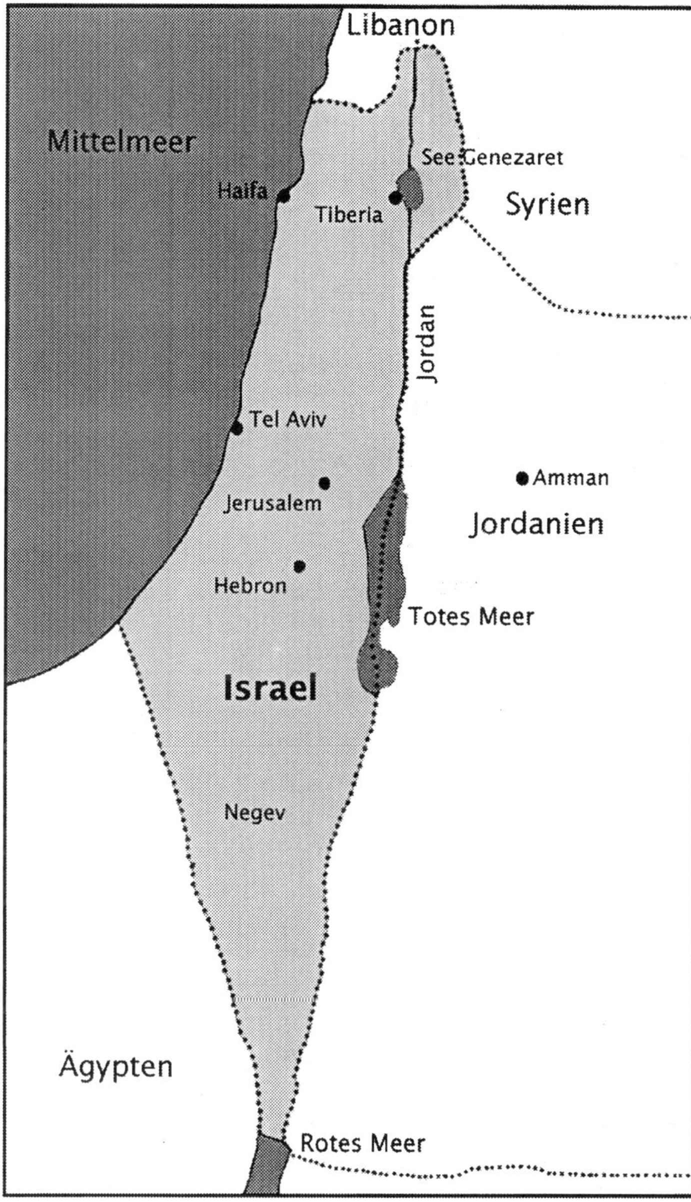

Israel heute
Die punktierten Linien sind Staatsgrenzen
und die Waffenstillstands-Linie von 1967.

(Die Sinai-Halbinsel wurde 1982 an Ägypten zurückgegeben.)

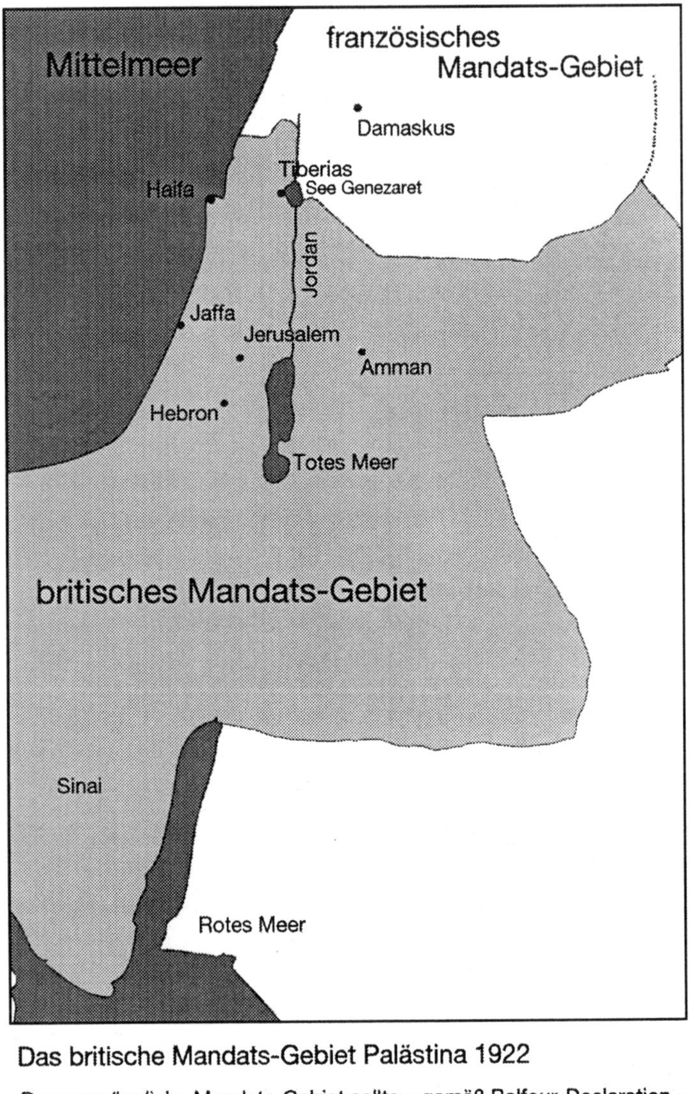

Das britische Mandats-Gebiet Palästina 1922

Das ursprüngliche Mandats-Gebiet sollte – gemäß Balfour-Declaration – das jüdische Heimatland werden.

Es wurde jedoch in Trans-Jordanien und in ein kleineres Mandats-Gebiet Palästina aufgeteilt, das 1948 aufgelöst wurde.

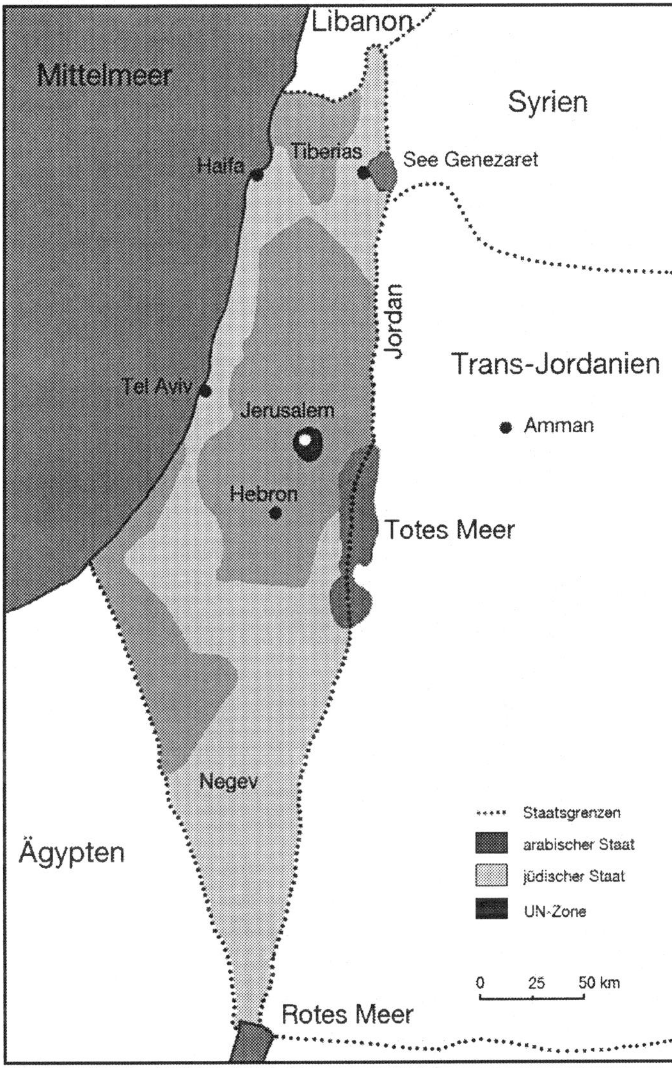

Der Teilungsvorschlag der UNO

– das Palästina-Mandatsgebiet sollte in jüdische und arabische Staatsgebiete aufgeteilt werden –

wurde von den Juden akzeptiert, von den Arabern aber abgelehnt.

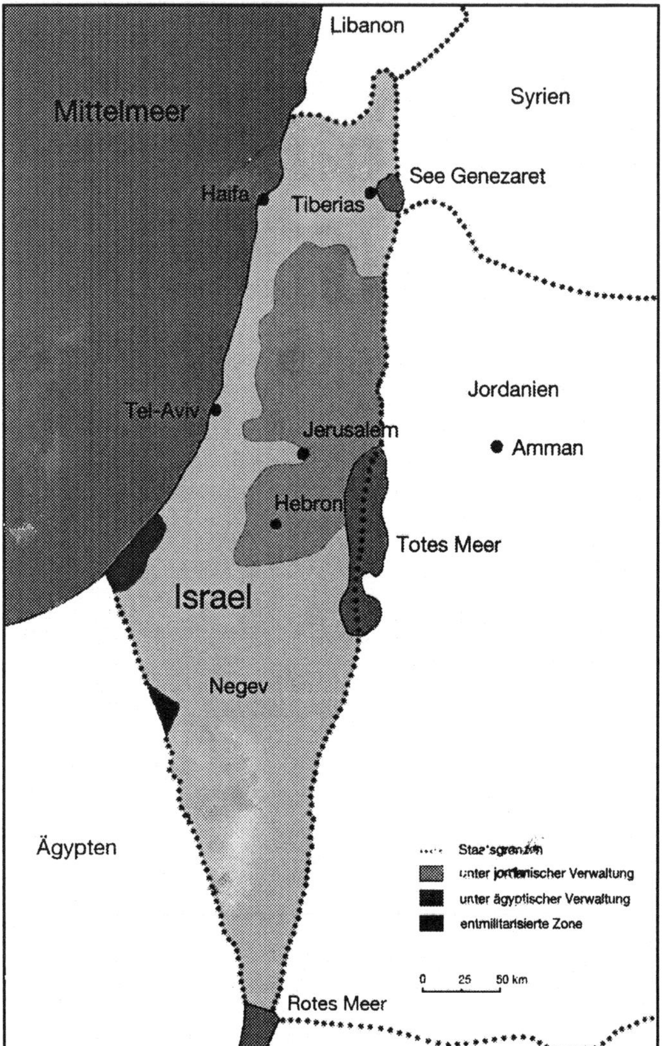

Nach der Unabhängigkeits-Erklärung wurde Israel
von fünf arabischen Streitkräften angegriffen.
Der Krieg endete damit, daß Israel ein größeres Gebiet erhielt.

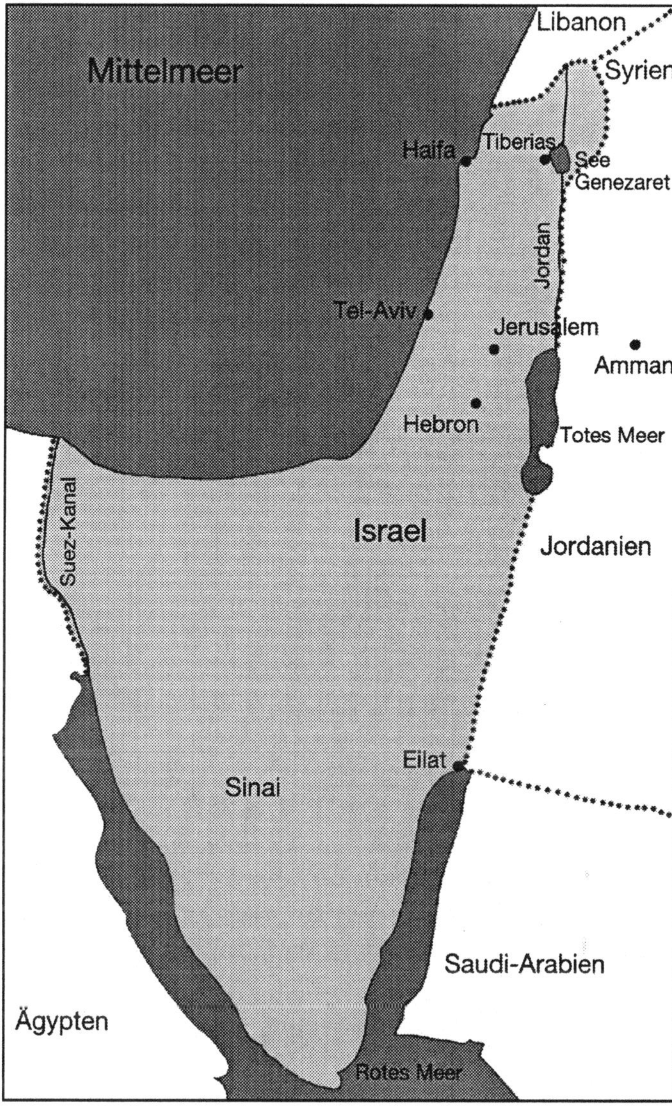

Israel nach dem Sechs-Tage-Krieg,
nach Eroberung der Golan-Höhen, der Westbank, des Sinai
und von Ost-Jerusalem

Jüdische Einwanderung in jüngerer Geschichte

1882–1903	ca. 20.000 bis 30.000
1904–1914	ca. 35.000 bis 40.000
1919–14.5.1948	482.857
15.5.1948–1952	686.739
1952–1954	54.065
1955–1957	164.936
1958–1960	75.487
1961–1964	228.046
1965–1965	81.337
1969–1971	116.486
1972–1974	142.755
1975–1979	124.872
1980–1984	83.637
1985–1988	46.146
1989	24.050
1.1.–30.9.1990	112.688
1.1.–30.11.1990	schätzungsweise 150.000 aus der UdSSR

Die Zunahme der Einwanderung nach Palästina im 20. Jahrhundert wurde begleitet von einem Anstieg der arabischen Immigration. Die ursprüngliche arabische Bevölkerung war nicht so zahlreich, wie die Araber heute behaupten.

Bevölkerung

Juden	81,7%
Moslems	14,2%
Christen	2,3%
Drusen und andere	1,8%

Bei einer Gesamtbevölkerung von 4.477.000 (Judäa, Samaria und Gaza ausgenommen) sind 3.659.000 Juden, 818.000 sind Moslems, Christen, Drusen und andere.

Stichwortverzeichnis

Aliya	Welle jüdischer Einwanderung nach Palästina/Israel
Anti-Semitismus	Feindschaft gegen Juden
Assimilation	Integration
Diaspora	Zerstreuung der Juden
Jom Kippur	Versöhnungstag
Nablus	Sichem
PAMJAT	anti-semitische Bewegung in der früheren UdSSR (GUS)
PLO	Palästinensische Befreiungsorganisation
Palästina	Britisches Mandatsgebiet von 1917-1948, das Israel und Jordanien einschloß. Der Name erinnert an die Philister im Altertum, die einst Israels schlimmste Feinde waren.
Zionismus	Die Bewegung, die von Theodor Herzl gegründet wurde, um die Juden wieder in ihrem einstigen Heimatland anzusiedeln: Zion.
Schma Jisrael	Das jüdische Glaubensbekenntnis (5. Ms 6:4)
Die West Bank	Judäa und Samaria

ULF EKMAN

Die Kraft in der neuen Schöpfung

Gottes Wahrheit befreit zum Leben: Erkenne, wer du in Christus bist. Der Herr ist mit dir, mächtiger Kriegsheld! Ein Leben im Sieg erwartet dich.

Booklet, 28 Seiten, Best.-Nr. BU70-9; 3,00 DM

Gott will alle heilen

Viele fragen: Will Gott mich heilen? Entdecke die wunderbare Tatsache, daß Gott ALLE heilen will.

Booklet, 28 Seiten, Best.-Nr. BU71-7; 3,00 DM

Autorität im Namen Jesu

Gott hat seinem Sohn für sein Werk am Kreuz den höchsten Namen gegeben. Dieser Name gibt Autorität über alle Mächte im Himmel und auf Erden.

Booklet, 24 Seiten, Best.-Nr. BU72-5; 3,00 DM

Zerstöre die Werke Satans

Darum wurde der Sohn Gottes offenbar, um die Werke des Teufels zu zerstören. Jesus sagte, daß wir die gleichen Werke wie er und größere tun sollen.

Booklet, 32 Seiten, Best.-Nr. BU73-3; 3,00 DM

Der Herr ist ein Kriegsmann

Dies ist ein mutmachendes Buch, das biblisch belegt: Die Gemeinde hat als Gottes Armee einen geistlichen Kampf zu führen – nicht gegen Menschen, sondern gegen geistliche Mächte. Durch Jesu Sieg am Kreuz hat Gott auch uns in eine Position des Sieges versetzt.

Paperback, 144 Seiten, Best.-Nr. BU60-1; 16,80 DM

GÖSTA ÖMAN

Das Reiswunder

Mehr als 50.000 Familien, ernährt mit einem Sack voll Reis und das über sieben Monate lang! So unfaßbar sich das anhört, Gösta Öman aus Schweden hat es erlebt. Dieses und weitere übernatürliche Ereignisse, die durch das Eingreifen Gottes geschehen sind, beschreibt Gösta Öman in diesem Buch – als ein Beispiel für das, was Christus heute durch gläubige Menschen tun kann.

Paperback, 288 Seiten, Best.-Nr. BU04-0; 19,80 DM

ROBERTS LIARDON

Ich sah den Himmel

So wie Paulus – und andere nach ihm – in den Himmel entrückt wurde, ist auch Roberts Liardon als 8-jähriger Junge in der himmlischen Dimension gewesen. Was er dort an unbeschreiblicher Herrlichkeit und Wahrheit erlebte und weitersagen darf, hat er hier niedergeschrieben. – Zur Ehre Gottes, zur Ermutigung und Stärkung des Leibes Christi auf dieser Erde.

Paperback, 72 Seiten, Best.-Nr. BU00-8; 12,80 DM

Zerbrich die Macht der Kontrolle!

Viele Gläubige leben in seelischen Bindungen statt in der Fülle Gottes. Roberts Liardon stellt klar, daß es positive Kontrolle im Sinn von Aufsicht durch Älteste und eine innere Selbstbeherrschung gibt. Aber er lehrt auch, wie man die Macht der dämonischen Kontrolle entlarvt und zerbrechen kann.

Paperback, 112 Seiten, Best.-Nr. BU01-6; 14,80 DM

HAROLD R. EBERLE

Gemeinde des neuen Weins

Gott hat angefangen, auf der ganzen Welt neuen Wein der Freude und Freiheit des Geistes in die Durstigen seines Volkes zu gießen. Jesus lehrt uns, daß es unmöglich ist, neuen Wein in alte Schläuche zu gießen, ohne daß diese reißen. Der Heilige Geist ist dabei, Gemeindestrukturen zu reformieren. Der Autor belegt biblisch, daß nur eine auf dem Fundament des fünffältigen Dienstes und der Gaben des Geistes gebaute Gemeinde die stärker werdende dynamische Kraft des Geistes empfangen und weitergeben kann.

Paperback, 184 Seiten, Best.-Nr. BU02-4; 19,80 DM

KLAUS FISCHER

Lebendiger Lobpreis

Der Schöpfer der Musik thront über dem Lobpreis seines Volkes, steht in Psalm 22. Wenn man die religiösen Gesänge in vielen deutschen Gemeinden hört, muß Gott demnach ein depressiver Langweiler sein. Dieses Buch beschreibt humorvoll den Weg zu einem lebendigen Lobpreis nach Gottes Herzen.

Paperback, 84 Seiten, Best.-Nr. BU33-4; 12,80 DM

LOBPREIS AUS DER JESUS!GEMEINDE RINTELN

LÖWE VON JUDA

Kämpfgesänge der lärmenden Menge Judas und Liebeslieder für das Lamm auf dem Thron. Auf-erweckender LIVE!Lobpreis, der religiöse Mauern zerbricht.
Best.-Nr. CD101, 24,80 DM; MC101 (ohne Texte), 12,00 DM

PAPA!

Die „Verrückten" der JESUS!Gemeinde Rinteln jubeln, jauchzen und jodeln erlöst auf dieser Lobpreis-Party bei Vati. Im kindlichen Geist staunen und lachen sie vor dem Thron der Gnade und rufen laut: „PAPA!"
Best.-Nr. CD102, 24,80 DM; MC102, 19,80 DM

LEBENSGEIST

Diese CD ist Gott dem Heiligen Geist gewidmet. Der Geist des Vaters, der wie in JESUS auch in seinen Nachfolgern wirkt, läßt uns befreit singen, tanzen und jubeln. In diesem Geist feiern wir in freudiger Erwartung zur Ehre des Vaters und des Sohnes ein Fest des ewigen Lebens voller Glaube, Liebe & Hoffnung.
Best.-Nr. CD103, 29,80 DM; MC103, 21,80 DM

BLUT!FEUER!RAUCHDAMPF!

Blut des Lammes, Feuer des Geistes, Rauchdampf der Herrlichkeit des Vaters! Gottes befreiender Lobpreis brüllt wie ein Löwe, tönt wie ein Kriegsmann und schreit wie eine Gebärende. Er erschüttert, um der wahren Anbetung des Lammes einen Weg zu bereiten. Dies sind Lieder, Töne & Geräusche von der prophetischen Lobpreiskonferenz »Zum Lob seiner Herrlichkeit« 1997 in Rinteln.
Best.-Nr. CD104, 29,80 DM; MC104, 21,80 DM

HIMMELREICH

Das ist neuer, himmlischer, lauter, lebendiger, herrlicher, freier Lobpreis aus Rinteln. Hier wird gebadet, gebetet und gefetet im übersprudelnden Strom der Gnade Gottes. Prädikat: Überirdisch!
Best.-Nr. CD105, 29,80 DM; MC105, 21,80 DM

MACHT BAHN!

Im Dezember ´98 erschien unsere 6. Lobpreis-CD, aufgenommen auf der 5. Prophetischen Konferenz in Rinteln im September 1998. Als Bonus liegt eine CD mit den prophetischen Liedern von Francois Botes bei (nur bei der CD). Prophetisch frisch & Pharisäergeister verstörend!
Best.-Nr. CD106, 34,80 DM; MC106, 21,80 DM

JESUS!GemeindeVerlag
Braasstraße 30, D-31737 Rinteln
Tel. 0 57 51 / 4 61 31, Fax 0 57 51 / 4 47 36
email: verlag@jesusgemeinde.de